AF189643

Das kleine Handbuch der Rhetorik 2100

Unterschwellig manipulieren

Ich kriege dich schon!

Horst Hanisch

© Zweite Auflage: 2019 by Horst Hanisch, Bonn

© Erste Auflage: 2017 by Horst Hanisch, Bonn

Bibliografische Information der Deutschen Nationalbibliothek: Die Deutsche Nationalbibliothek verzeichnet diese Publikation in der Deutschen Nationalbibliografie; detaillierte bibliografische Daten sind im Internet über dnb.dnb.de abrufbar.

Der Text dieses Buches entspricht der neuen deutschen Rechtschreibung.

Die Verwertung der Texte und Bilder, auch auszugsweise, ist ohne Zustimmung des Autors urheberrechtswidrig und strafbar. Dies gilt auch für Vervielfältigungen, Übersetzungen, Mikroverfilmung und für die Verarbeitung mit elektronischen Systemen.

Die Ratschläge in diesem Buch sind sorgfältig erwogen, dennoch kann eine Garantie nicht übernommen werden. Eine Haftung des Autors und seiner Beauftragten für Personen-, Sach- und Vermögensschäden ist ausgeschlossen.

Aus Gründen der einfacheren Lesbarkeit wird auf das geschlechtsneutrale Differenzieren, zum Beispiel Mitarbeiter/Mitarbeiterin weitestgehend verzichtet. Entsprechende Begriffe gelten im Sinne der Gleichbehandlung für alle Geschlechter.

Idee und Entwurf: Horst Hanisch, Bonn

Lektorat: Alfred Hanisch, Bonn; Annelie Möskes, Bornheim

Buchsatz: Guido Lokietek, Aachen; Horst Hanisch, Bonn

Umschlag: Christian Spatz, engine-productions, Köln; Horst Hanisch, Bonn

Zeichnungen: Horst Hanisch, Bonn

Herstellung und Verlag: BOD – Books on Demand GmbH, Norderstedt

ISBN: 978-3-7448-3962-4

Das kleine Handbuch der Rhetorik [2100]

Unterschwellig manipulieren
Ich kriege dich schon!

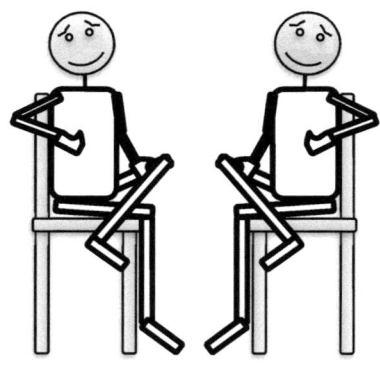

Inhaltsverzeichnis

TEIL 3 – AUSTRICKSEN UNFAIRER MANIPULATIONSVERSUCHE **48**

Einleitung

„Die kriegen mich nicht!"

Na, wer will denn schon manipulieren? Das klingt so negativ. Besser hört sich beeinflussen an, noch besser ist motivieren. Ja, das gefällt. Durch die Motivation gelingt es Ihnen, Ihr Gegenüber das machen zu lassen, was Sie für richtig halten. Also doch wieder Manipulation?

Anders gefragt: Wollen Sie sich manipulieren lassen? Nicht unbedingt, oder?

Vielleicht sehen Sie ein gewisses Dilemma. Wenn Sie eine Rede oder eine Präsentation halten, wollen Sie in der Regel Ihren Zuhörer überzeugen. Sie wollen seine Zustimmung erreichen und gegebenenfalls sein Kaufinteresse wecken.

So kommen Sie in die Situation, manipulieren zu wollen oder gar zu müssen; am besten, ohne dass es der andere merkt. Nun denn, dann setzen Sie Rhetorik entsprechend trickreich ein und lenken Ihren Gesprächspartner dorthin, wohin Sie ihn gerne hätten.

Verwenden Sie trickreiche Rhetorik, aber lassen Sie sich selbst nicht manipulieren!

Praxisnah, zeitgemäß und kompakt. Das sind drei interne Vorgaben für unsere Rhetorik-Ratgeber. In der Reihe der kleinen Rhetorik-Handbücher wird jeweils ein wesentlicher Teil aus dem umfangreichen Bereich der Rhetorik kompakt vorgestellt.

Die Themenbereiche sind beispielsweise den Büchern ‚Das große Buch der Rhetorik [2100]' oder ‚Trickreiche Rhetorik [2100]' vom selben Autor entnommen. Die Zahl 2100 steht dabei für das 21. Jahrhundert, was die Aktualität der Themen unterstreicht. Diese entsprechen den heutigen Anforderungen im beruflichen Umgang miteinander.

Im vorliegenden Ratgeber „Rhetorik – Unterschwellig manipulieren" wird schwerpunktmäßig auf folgende Themen eingegangen:

- Durch trickreiche Rhetorik zum Erfolg
- Harmonie und positive Atmosphäre aufbauen
- Austricksen unfairer Manipulationsversuche

Viel Erfolg bei der Vertiefung bestehenden Wissens und erfolgreichen Einsatz im Berufsleben.

Teil 1 – Durch trickreiche Rhetorik zum Erfolg

Weshalb die rhetorische Manipulation wichtig ist

Manipulation versus Beeinflussung

Kommunizieren zwei Menschen miteinander, versuchen sie sich bewusst und unbewusst gegenseitig von ihren eigenen Ideen zu überzeugen.

Dagegen wird grundsätzlich kaum einer etwas einzuwenden haben, gehört doch zum zwischenmenschlichen Miteinander, sich auszutauschen, zu befragen und zu informieren.

Sobald einer einen tollen Vorschlag oder eine klasse Idee hat, will er sein Gegenüber überzeugen zuzustimmen.

Schon sind wir in dem Themenbereich, den wir im ersten Teil dieses Handbuchs durchleuchten wollen: Die gegenseitige Manipulation und Beeinflussung, um eigene Vorteile zu erzielen.

Schnell können Sie sehen, dass es zu Ihrem Vorteil dienen kann, damit der andere Ihren Vorstellungen entsprechend handelt.

Sie haben manipuliert! Gratulation!

Aber Vorsicht: Versucht nicht auch Ihr Gesprächspartner, Sie von seinen Ideen zu überzeugen? Manipuliert er Sie vielleicht auch? Wollen Sie manipuliert werden? Zumindest könnte es für Sie hilfreich sein zu wissen, wie Sie bei Bedarf unerwünschte Manipulation abwehren können. Oder?

Ohne trickreiche Rhetorik weder Entwicklung noch Erfolg

Rhetorik – die Kunst des Sprechens. Ja, ja, das wissen wir doch alle. Sprechen können wir doch, wenn die Statistik auch behauptet, dass Ehepaare täglich nur 7 Sekunden miteinander reden.

Also, worin besteht die Kunst beim Reden? Natürlich darin, andere von dem, was einer sagen will, zu überzeugen.

Überzeugen heißt ja, dass der Zuhörer dem zustimmen soll, was der Sprechende gerade äußerte. Da haben wir es bereits. Die Evolution des Menschen hat es den Erdenbewohnern über zig Jahrtausende hinweg ermöglicht, sich immer feiner und sensibler durch gesprochene Wörter auszutauschen. Genial; denn auf diese Weise war und ist es möglich,

‚in doppeltem Sinn' zu reden. Es ist weiterhin möglich, Ironie zu verwenden, Humor einzusetzen und – zu lügen. Erschrecken Sie nicht! Ja, zu lügen! Manche sagen auch, die Wahrheit in ein besseres Licht stellen. Wie dem auch sei – die Menschheit hat gelernt, mehr oder weniger perfekt etwas auszudrücken, was nicht unbedingt der objektiven Realität, der Wahrheit entsprechen muss.

Tatsächlich kann das Gesagte genau das Gegenteil von dem meinen, was wirklich gesagt wurde. Wichtig und entscheidend ist das, was der Zuhörer versteht beziehungsweise verstehen soll.

Somit kann der Sprechende mit Wörtern und Sätzen spielen – oder sogar mit dem Zuhörer spielen.

Manipulation und Beeinflussung in der Rhetorik

In der Rhetorik kann davon ausgegangen werden, dass mit einer Person geredet wird, um sie zu informieren beziehungsweise zu überzeugen. Selbst wenn Sie lediglich jemanden begrüßen mit „Guten Tag", abgekürzt von „Ich wünsche Ihnen einen guten Tag", liegt bereits eine Manipulation vor. Sie wünschen ja, dass der andere einen guten Tag genießen möge. Mit diesem netten Tagesgruß wird sich kaum jemand manipuliert fühlen. Allerdings reagieren höfliche Menschen mit einem Gegengruß. Zum Beispiel mit „Den wünsche ich Ihnen auch". Jetzt wird noch deutlicher, dass eine Manipulation vorliegt. Denn – Sie haben Ihr Gegenüber dazu veranlasst, einen Gruß zu erwidern.

Generell kann davon ausgegangen werden, dass (fast?) jeder Dialog dazu dient, den anderen in eine bestimmte Richtung denken oder handeln zu lassen. Sei es, dass im Sinn einer Information der andere in seinem Wissen bereichert werden soll, sei es, dass im Sinn eines Verkaufsgesprächs das Gegenüber von einem Produkt (oder einer Dienstleistung oder der eigenen Arbeitskraft) überzeugt werden soll. Ein Kritikgespräch soll dazu dienen, den anderen anders handeln zu lassen. Und so weiter. In allen genannten und vergleichbaren Fällen liegt nach obiger Definition eine Manipulation vor.

Selbst der gewählte Ort oder die verwendeten Unterlagen, die Atmosphäre, das Auftreten, die gewählten Umgangsformen und anderes bestärken den gewünschten Effekt. Anders ausgedrückt bedeutet das, dass zwischenmenschliche

Kommunikation ohne gegenseitige Manipulation nicht möglich ist. Das ist weiter nicht schlimm, wie wir oben schon gesehen haben.

Interessant wird es dann, wenn diese Manipulation ‚trickreich' eingesetzt wird. Gemeint ist damit, dass die Manipulation nicht ‚zufällig' nach üblicher Art geschieht, sondern sozusagen in verstärkter Form. Dabei gilt, dass nicht gelogen werden soll. Bestenfalls soll etwas so dargestellt werden, dass das Gegenüber einen anderen – hier besseren – Eindruck gewinnt.

Menschen, die die Rhetorik in diesem Sinn trickreich einsetzen können, werden in ihrer Überzeugungskraft stärker. Der Erfolg wird greifbarer. Wer so arbeitet, hat nicht nur vor Gericht Vorteile, sondern auch in allen anderen möglichen Überzeugungsgesprächen und Verhandlungsgesprächen.

Wer macht Kinder froh?

Nicht nur die moderne Werbung zeigt uns täglich, wie Wünsche geweckt werden. Einfach mal nur so nebenbei. Oder vielleicht doch nicht nur mal ‚einfach' so? Steckt dahinter möglicherweise ein System, also Absicht?

Und, zugegebenermaßen ist es genial, wenn sich bestimmte Slogans, Wortgruppen oder einfach nur Wörter so in unserem Gedächtnis festsetzen, dass wir auch Jahre später noch das (gedanklich) verknüpfte Produkt sofort vor uns sehen oder hören. Wer macht Kinder froh und Erwachsene ebenso? Ja klar, Haribo kriegt das hin. Und zwar schon seit 1935. Übrigens folgte der Nachsatz „und Erwachsene ebenso" erst im Jahr 1962. Süße Leckereien müssen ja nicht nur Kindern munden.

Und für die älteren Leserinnen und Lesern unter Ihnen: Können Sie sich erinnern, was die alte Tante, die alle Waschmaschinen kannte, sagte? Ja – richtig! Es hieß „Miele, Miele sprach die Tante, die alle Waschmaschinen kannte."

Gut, manche haben diese Zeit nicht miterlebt. Eine andere Frage: Welche Auto-Marke verkaufte „Freude am Fahren"? Richtig, der Hersteller aus Bayern, BMW.

So nebenbei. „BMW macht sexy, Benz ist bieder". Zumindest stand das so in der Autobild.de vom 24.10.2014. Und weiter: „Ihr Image klebt hartnäckig an den Automarken. … VW-Fahrer werden immerhin sympathisch beurteilt. … Die lange belächelten Opel-Fahrer liegen bei den Sympathiewerten inzwischen wieder auf Platz zwei." Na bitte.

Ein letztes Beispiel zu Slogans: Was ist geil? Entschuldigen Sie, liebe Leserin, lieber Leser, aber wir betrachten hier das Wort ‚geil' ausschließlich aus wissenschaftlicher Sicht. Nun: „Geiz ist geil."

Mit diesen Beispielen soll gezeigt werden, wie manipulativ die Werbung vorgeht. Sie schafft es trickreich, uns Formulierungen ins Gehirn zu pflanzen, die wir so schnell auch nicht mehr rausbekommen. Wenn das mal nicht gekonnt ist …

Kultur, Krieg und König

Was wäre das Leben ohne das (gesungene) Lied? Ohne Oper, ohne Theater, ohne Musical? Kaum vorstellbar, oder? „Wo man singt, da lass dich ruhig nieder, böse Menschen haben keine Lieder." Das meinte Johann Gottfried Seume (dt. Schriftsteller, 1763 – 1810). Na, wenn es doch mal so wäre. Denken wir mal nur an die Texte einiger Hymnen, an Marschlieder, an Lieder der Revolution und des Aufruhrs. Die Lieder vermitteln unzweifelhaft eine eindeutige Betrachtungsweise.

So sangen bei den Trauerfeierlichkeiten am 11.01.15 Zigtausende in den Straßen von Paris anlässlich der Terroranschläge 4 Tage zuvor die französische Nationalhymne Marseillaise.

Große Heerführer nutzten und nutzen vor ihren entscheidenden Schlachten eindrucksvoll geführte Reden, rhetorisch ausgefeilt, trickreich manipulierend eingesetzt, pathetisch betont, um ihre Gefolgsleute zur Schlacht aufzurufen und sogar in den Tod zu schicken. So soll es bei Alexander dem Großen gewesen sein, bei allen möglichen Cäsaren, Königen und Kaisern.

The King's Speech

Diese Reden müssen nicht immer auf dem tatsächlichen, greifbaren Schlachtfeld gehalten werden, sondern können zu späteren Zeiten via Radio übertragen werden.

In dem mit zahlreichen Preisen nominierten Film ‚The King's Speech', also ‚Die Rede des Königs' aus dem Jahr 2010 (Regisseur Tom Hooper, *1972 in Großbritannien) soll der britische König George VI. (gespielt vom brit. Schauspieler Colin Andrew Frith, *1960) erstmals im Radio eine wichtige und entscheidende Ansprache halten. Das wäre weiter nicht schlimm, hätte George VI. nicht eine Sprachbehinderung gehabt – er stotterte nämlich. Und wer will eine mitreißende, entscheidende Rede, in der Großbritannien den Deutschen den Krieg erklärt, hören, wenn dieser aufgrund der Sprachherausforderung nur schwer zu folgen wäre?

Der Sprachtherapeut Lionel Logue (ausgezeichnet gespielt von dem austral. Schauspieler Geoffrey Rush, *1951) trainiert mit Tricks in mehreren Therapie-Sitzungen die Aussprache und ermutigt George, seine erste öffentliche Rede zu halten. Müßig zu sagen, dass es der Sprachtherapeut geschafft hat. George VI. lebte übrigens von 1895 – 1952. Und – er stotterte tatsächlich.

Düffeldöffel – Debatten im deutschen Bundestag

Wie viele mitreißende Debatten würde allein der deutsche Bundestag vermissen, wäre eine beißende und trickreiche Rhetorik nicht eingesetzt. Wer erinnert sich nicht an Herbert Wehner (1906 – 1990) mit seinen teilweise entgleisenden rhetorischen Angriffen („Lassen Sie mich doch ausreden, Sie Düffeldoffel da", 1980 zu Helmut Kohl) oder an Franz-Josef Strauß (1915 – 1988), der Norbert Blüm (*1935) als „Büttenredner" bezeichnete und natürlich an den ersten deutschen Bundeskanzler Konrad Adenauer (1876 – 1967), der gesagt hat „Was kümmert mich mein Geschwätz von gestern?" Verbal noch kräftiger ging da Joschka Fischer (*1948) an die Sache, als er 1984 den Bundestagsvizepräsidenten Richard Stücklen (1916 – 2002) anredete: „Mit Verlaub, Herr Präsident, Sie sind ein A*". Das „A*"-Wort wurde dabei ausgesprochen.

Manches Ehrenwort wäre nicht abgegeben worden: Uwe Barschel (1944 – 1987) betonte 1987: „Ich gebe Ihnen mein Ehrenwort! – dass die gegen mich erhobenen Vorwürfe haltlos sind."

Kirche und Religion

Jesus von Nazareth (zwischen 7 und 4 vor Chr. – 30/31 nach Chr.) soll ein fantastischer Redner gewesen sein, der es immerhin schaffte, Millionen Anhänger hinter sich zu sammeln. Papst Franziskus I. (*1936 in Argentinien) gelang es in seiner Weihnachtsansprache 2014 am Tag vor Heiligabend immerhin, den versammelten Kardinälen und Bischöfen vor den Augen und Ohren der medialen Öffentlichkeit unter an-

derem folgende Krankheiten zu unterstellen: „Mentale Er-
starrung, Krankheit der Rivalität und Eitelkeit, Krankheit des
spirituellen Alzheimer." Ein starkes Stück für die Kurie.

Yes we can

Wer behauptete erstmals 2008 „Yes, we can"? Ja, das war
der 44. US-Präsident Barak Obama (*1961). Und wer hatte
einen Traum „I have a dream"? Ja, wieder richtig. Dieser
Satz stammt aus einer Rede des Bürgerrechtlers Martin Lu-
ther King (1929 – 1968) im Jahr 1963.

Wieder zeigt sich, dass das gesprochene Wort einen hohen,
vielleicht sogar einen sehr hohen Stellenwert im Leben hat.

Vier Ohren der Nachricht in der Kommunikation

Muss das Ausgesprochene immer manipulieren? Nun, das
lässt sich kaum beantworten. Schon der bekannte deutsche
Psychologe und Kommunikationsfachmann Friedemann
Schulz von Thun (*1944) zeigt, dass Nachrichten mit vier
‚verschiedenen Ohren' gehört werden können.

Sagt der Vater zur Tochter „Ich bin stolz auf dich", gibt er
damit nicht nur die Information seines Gefühlsempfindens
(Stolz) wieder, das in seiner Brust mitschwingt.

„Ich bin stolz auf dich."	Sachinhalt
	Appell
	Beziehung
	Selbstoffenbarung

Er kann damit auch eine einfache Information zum Ausdruck
bringen, dass er stolz ist und nicht etwa traurig. Möglicherweise will er seine Tochter auch weiterhin anspornen: „Mach'
weiter so, dann wird mal was aus dir." Sofern die Tochter
die Nachricht in diesem Sinn hört, nimmt sie einen Appell
wahr. Vielleicht versteht sie „Leg' los!" und sie schmeißt sich
noch ‚stärker ins Zeug'.

Was der Vater möglicherweise sagen will

> „Ich äußere hier lediglich meine Meinung."
> (Sachinhalt)

> „Leg' los!" (Appell)

„Ich bin stolz auf dich."

> „Ich bin stolz auf dich, weil du solch eine tolle Leistung erbracht hast." (Beziehung)

> „Als Vater habe ich die Basis gelegt."
> (Selbstoffenbarung)

Was will der Vater wirklich sagen?

Wir wissen es nicht. Wer weiß, ob der Vater nicht nur ausdrücken wollte, dass er es durch seine Erziehung schaffte, die Tochter zu einer Leistung zu bewegen, die ihn stolz werden lässt.

Ohne seine Erziehung hätte die Tochter möglicherweise diese Erkenntnis niemals in ihm auslösen können. So wird hier die Beziehung zwischen Vater und Tochter zum Ausdruck gebracht.

Was hört die Tochter nun?

Die Selbstoffenbarung, die Information, den Appell oder die Beziehung? Wir wissen es nicht. Wir wissen allerdings auch nicht, was der Vater mit seiner Aussage „Ich bin stolz auf dich" tatsächlich ausdrücken wollte. Wirklich genial.

Es stellt sich die Frage, wie und ob Menschen aufgrund dieser Mehrdeutigkeit in Aussage und im Hören (und damit im Deuten) einer Nachricht überhaupt je unmissverständlich verstehen können.

Wir wissen weder, was der Vater wirklich sagen will – noch wissen wir, was die Tochter versteht. Tricky, oder?

Tricky, diese Rhetorik

Recht tricky, um hier mal ein englisch angehauchtes Wort einzubringen, ist die Rhetorik. Oder eben trickreich.

Trickreich wird die Rhetorik hier allemal, wenn der Sprecher (oder der Sender einer Nachricht) <u>bewusst</u> erreichen will, dass der Hörer (oder Empfänger) anders versteht, als das ‚eigentlich' Gesprochene aussagt.

Lassen Sie uns also mit der Rhetorik trickreich umgehen. Das bringt nicht nur Erfolg, sondern kann auch Spaß bereiten.

Nehmen wir des Vaters Aussage: „Ich bin stolz auf dich" können wir nicht wissen, ob er es ehrlich oder ironisch meint.

Wir können auch nicht wissen, ob diese Nachricht beispielsweise als Sachinformation tarnt, in Wirklichkeit aber einen Appell hören lassen will.

Dieses Beispiel nur einer Nachricht zeigt, wie viele Missverständnisse entstehen können.

Genau genommen liegt die rechnerische Wahrscheinlichkeit des Missverständnisses um ein Mehrfaches höher als die Wahrscheinlichkeit, sofort und treffsicher richtig zu verstehen.

Kontext

Umso wichtiger ist es, eine Nachricht im Kontext des Gesamtgespräches zu hören – begleitet durch Betonung und Körpersprache.

Im Gesamtbild steigt jetzt die Wahrscheinlichkeit zumindest ungefähr herauszuhören, was der Gesprächspartner wirklich ausdrücken will.

Der Ton macht bekanntlich die Musik.

Die negative Konnotation des Wortes Manipulation

Ja, das lässt sich schnell und weitestgehend eindeutig bejahen. Genau genommen ist das Wort Manipulation ebenso neutral wie viele andere Wörter auch.

Es kommt aus dem Lateinischen ‚manus' gleich ‚Hand' und ‚plere' für ‚etwas in der Hand haben' beziehungsweise ‚füllen'.

Im Duden steht zur näheren Erläuterung Handgriff beziehungsweise Kunstgriff, aber auch Verfahren oder Machenschaften.

Unter ‚manipulieren' steht sogar: ‚der gesteuerte Mensch'.

Weitere Synonyme sind: Verfügung, Lenkung, Verhetzung, List, unerwünschte Veränderung. Ja, das klingt tatsächlich alles eher negativ.

Der Manipulierende nimmt bewusst jemanden an die Hand und bringt ihn von A nach B.

Oder anders ausgedrückt, er bringt den Manipulierten dazu das zu tun, was er selbst für richtig hält.

Manipulation erfolgt bewusst

So können alle möglichen Werbemaßnahmen als Manipulation verstanden werden. Der Werbetreibende will, dass der Kunde sein Produkt erwirbt. Er manipuliert demnach seinen Kunden bewusst – zumindest versucht er es.

Sprechen wir von Manipulation lässt sich demnach festhalten, dass eine feste Absicht des Manipulierenden zugrunde liegt. Dabei spielt es keine Rolle, ob der Manipulierte merkt, dass er dem Versuch der Manipulation unterliegt.

Aus Sicht des Manipulierenden muss die Manipulation nicht schlecht sein. Sehr häufig geht er sogar davon aus, dass sein Angebot (Ware, Dienstleistung usw.) positiv für den anderen ist.

Manipulation erfolgt beim Flirt, im Bewerbungsgespräch, in Verkaufssituationen und vielen anderen zwischenmenschlichen Gesprächen.

Manipulation oder Motivation

Kaum einer würde das Verhalten von Eltern abwertend als Manipulation einschätzen, wenn diese dafür sorgen, dass ihr Nachwuchs gerne in den Kindergarten oder in die Schule geht. So lässt sich das Wort Manipulation in diesem Fall auch durch Motivation ersetzten.

Das Kind wird motiviert, die Hausaufgaben zu erledigen. Gegebenenfalls folgt ein Lob oder eine Belohnung.

Also: Manipulation erfolgt bewusst beziehungsweise absichtlich. Die Absicht muss vom Manipulierten nicht erkannt werden.

Leuchten, schreien und angeben

Nicht nur Menschen versuchen sich gegenseitig zu manipulieren.

Die Tierwelt lebt es uns vielfältig in Form, Farbe und Geräusch vor. Betrachten Sie den Paradiesvogel, der sein farbenprächtiges und schillerndes Gefieder beim Tanz um seine Angebetete wirkungsvoll auseinanderspreizt.

Erinnert Sie das an das große Rad, das der Pfau schlägt, um seinem Gegenüber zu imponieren?

Kennen Sie die kräftigen Brunftschreie der Hirsche, die den Herbstwald beeindruckend erschüttern lassen?

Und weshalb leuchtet das Glühwürmchen? Na, ganz einfach: um in der Dunkelheit paarungswillige Partner anzulocken.

Manipulation versus Beeinflussung

Was aber nun, wenn die Eltern ein bestimmtes Verhalten vorleben. Wenn sie zum Beispiel ihre Kinder ausreden lassen und ihnen aktiv zuhören?

Die Kinder werden sich diesem Verhaltensmuster anpassen. In der Regel unbewusst. Hier liegt keine Manipulation durch die Eltern vor, es sei denn, sie leben dieses Verhalten absichtlich vor. Erst dann lässt sich nicht mehr von Beeinflussung sprechen, sondern von Manipulation.

Oder, noch deutlicher. Sie sehen in der Fußgängerpassage einen Passanten, der ein schickes Kleidungsstück trägt. Es gefällt Ihnen.

Sie sagen oder denken „So etwas will ich auch haben." Hier haben wir einen deutlichen Fall von Beeinflussung. Der Passant hatte nicht die Absicht Sie dazu zu bringen, ein gleiches Kleidungsstück zu kaufen.

Beeinflussung erfolgt unbewusst

Daraus lässt sich abgrenzen, dass die Beeinflussung durch den Beeinflussenden unbewusst erfolgt.

In der Regel weiß er gar nicht, dass andere veranlasst werden, nun zu handeln (zum Beispiel ein Kleidungsstück zu kaufen).

Geschicktes Lenken

Es gibt Menschen, die sagen, dass Psychologie nichts in Verkaufsgesprächen oder in Präsentationen zu tun hat. Die Realität sieht weitestgehend anders aus, wie zig verschiedene Kommunikationsmodelle zeigen. Weiterhin zeigt sich immer wieder, dass ein harmonisch geführter Austausch zum Erfolg führt.

Wenn ein Gesprächspartner den anderen als Feind oder als Gegner betrachtet, befinden wir uns auf einem ‚Kriegsschauplatz'.

Hier ist das Ziel, dass einer gewinnt. Allerdings will jeder gewinnen, und zwar gegen (!) den anderen. Besser ist es, wenn beide gewinnen, und zwar miteinander.

Gut, wenn eine echte Win-Win-Konstellation erfolgt. Klar, der eine will das Geld, der andere die Leistung beziehungsweise das Produkt. Stimmt es auf beiden Seiten, so kann jeder zufrieden und glücklich werden.

Angebot verknappen – Wir haben nichts; Aber doch, wir haben etwas Besonderes

Lassen Sie uns kurz an ein paar Beispielen veranschaulichen, wie im Verkauf manipuliert und vorgegangen werden kann.

Das letzte Teil

Einerseits ist es verlockend, wenn wir aus dem vollen Angebot schöpfen können. Andererseits haben wir auch Glück, wenn wir gerade noch das letzte Stück erwischen. Puh.

„Wir haben da noch etwas Besonderes …" Und schon lauscht der Angesprochene aufmerksam. Wenn ihm schon mal etwas Besonderes angeboten wird, dann ist er es sich selbst wohl auch wert. Oder wird ihm hier nur geschmeichelt?

Discounter-Effekt

Bekommt der Kunde in verschiedenen Geschäften ein vergleichbares Angebot, wird er zum Kauf angeregt und sich oft dorthin begeben, wo er das gleiche Produkt zu einem geringeren Preis erhält. Die Anbieter geraten in einen preislichen Wettbewerb untereinander. Sie riskieren, sich im Preis gegenseitig zu unterbieten. Das lässt sich als Discounter-Effet bezeichnen.

Der Kunde profitiert, das Unternehmen muss immer knapper kalkulieren.

Aus der Masse ragen

Interessanter kann der umgekehrte Weg sein. Zeigen Sie Profil, indem Sie mit Ihrem Angebot aus der Masse ragen. Bieten Sie etwas Besonderes an, was Ihr Mitbewerber in dieser Form nicht aufweisen kann.

Werden Sie einmalig oder durch eine seriöse Zusatzleistung einmalig. Durch die Einmaligkeit sind Sie nicht vergleichbar.

Das bedeutet, dass der Kunde keinen Kostenvergleichswert hat. Sagt dem Kunden das Einmalige zu, ist er in der Regel bereit, einen anderen Preis – demnach einen höheren Preis – zu zahlen.

Durch diese Profilierung kann es weiterhin gelingen, die Nachfrage zu erhöhen. So kann es geschehen, dass Wartezeiten zunehmen und die Kunden diese Wartezeiten akzeptieren. Zumindest solange sie an der Einmaligkeit des Produkts interessiert sind.

Machen Sie sich selbst unentbehrlich, indem Sie eine Leistung bringen, die Ihre Kollegen oder Mitbewerber nicht anbieten.

Ohne Manipulation kein Leben

Wir müssen, ob wir wollen oder nicht, anerkennen, dass wir ständig manipuliert und beeinflusst werden. Das Zusammenleben von Lebewesen basiert offensichtlich auf dieser Vorgehensweise.

Menschen, die unreflektiert durchs Leben schreiten, sind verständlicherweise anfälliger gegenüber Manipulation als andere.

Ohne Manipulation wären wir schon längst ausgestorben – und mit uns alle Lebewesen. Also: Manipulation erhält das Leben! Na gut.

Trickreich, diese Kommunikation zwischen Lebewesen

Liebe Leserin, lieber Leser, ist ja wirklich trickreich, die zwischenmenschliche wie auch die zwischentierische Kommunikation.

Sind denn wenigstens die Pflanzen unbedarft und harmlos? Nein. Die seit Jahrmillionen existierende Pflanzenwelt hat es ebenso erfolgreich geschafft, durch geschickte Tricks ihre eigene Art zu erhalten und überleben zu können. Die Pflanzen nutzen Licht, Luft und Bodenverhältnisse aus, schafften und schaffen es andere Pflanzenarten abzudrängen. Mit wieder anderen Pflanzen (und auch mit Tieren!) gehen sie lebenserhaltende Symbiosen ein. Und wer will hier behaupten wollen, dass diese Vorgehensweise bewusst erfolge?

Beispiele aus der Tierwelt haben wir gezeigt. Hier wird vieles auch unbewusst erfolgen. Bei manchen Menschenaffen und weiterentwickelten Tieren wird allerdings beobachtet, wie sie gezielt ‚Werkzeug' einsetzen, um an Futter zu gelangen.

Vögel und Affen, die mit einem in die Baumrinde eingeführten Stäbchen nahrhafte Insekten aus dem Versteck zerren, Krähen, die Nüsse von Autos überfahren lassen, um anschließend an den leckeren Nusskern zu kommen – und viele andere Verhaltensmuster mehr.

Weshalb sollte der Mensch auf Tricks verzichten? Im Gegensatz zur Pflanzen- und Tierwelt hat der Mensch allerdings eindeutig die Stärke beziehungsweise Fähigkeit, <u>bewusst</u> zu tricksen. Das erreicht er durch Handeln und natürlich auch durch Reden. „Ich habe ihn erfolgreich ausgetrickst."

So schaffte es der Mensch, sich zum heutigen Status seines Daseins zu entwickeln.

Die Tricks haben ihm deutlich geholfen zu überleben. Somit dürfen wir annehmen, dass es legitim ist, mit Tricks zu arbeiten.

Teil 2 – Harmonie und positive Atmosphäre aufbauen

Gute Stimmung verbreiten

Positive Atmosphäre aufbauen

Ist Ihnen auch schon aufgefallen, dass Sie manchmal auf fremde Menschen treffen, zu denen sich rasend schnell eine positive Atmosphäre aufbaut? Ein bis vor kurzem noch wildfremder Mensch strahlt eine unglaubliche Sympathie aus, sodass Sie sich gerne auf einen unverfänglichen Plausch einlassen.

Und dann gibt es auch die anderen Fälle. Sie kommen gesellschaftlich oder beruflich mit einem Fremden in Kontakt und merken sofort „Der ist mir unsympathisch". Wie kann das sein? Sie kennen weder den einen noch den anderen. Trotzdem entwickelt sich die Sympathie in zwei entgegengesetzte Richtungen. Wohlgemerkt in unglaublicher Schnelle. Wir könnten geneigt sein zu sagen ‚sofort'. „Ich habe sofort gespürt, dass ich mit dem nicht klarkomme."

Sobald Sie als Redner oder Rednerin unterwegs sind, wollen Sie nachvollziehbarerweise Ihren Gesprächspartner inhaltlich auf ‚Ihrer Seite' sehen. Schließlich wollen Sie dem anderen Ihre Ideen schmackhaft machen.

Hat sich eine beiderseitige Sympathie aufgetan, wird Ihnen das höchstwahrscheinlich gelingen. Antipathie hingegen erreicht das Gegenteil. Das kann nicht in Ihrem Sinn sein.

Im zweiten Teil dieses Handbuchs wird deshalb beschrieben, wie Sie eine positive Gesprächsatmosphäre aufbauen können. Weiter wird auf den phänomenalen Effekt des ‚Sich Spiegelns' eingegangen. Das körpersprachliche Verhalten zeigt die Übereinstimmung. Diese gilt es zu erzielen.

Selbstbeeinflussung

So lautet hier der erste Ratschlag, dass Sie dafür sorgen sollten, eine positive Atmosphäre herzustellen. Schaffen Sie die Harmonie durch die Art, wie Sie selbst auftreten. Selbstbewusst und authentisch, allerdings ohne arrogant oder bedrohend zu wirken. Stellen Sie sich das Ziel, ein Win-Win-Ergebnis zu erreichen.

Dazu braucht es natürlich eine entsprechende innere Einstellung. Betrachten Sie sich selbst als Gewinner und sehen Sie Ihr Gegenüber ebenso. Freuen Sie sich auf den Austausch, da Sie dadurch eine eigene, positive Stimmung in sich heraufbeschwören.

Wenn Sie sich freuen, sind Sie gut gelaunt. Ihrem Körper und Ihrer Mimik ist anzusehen, dass es Ihnen gut geht. Sie wirken überzeugend. Die meisten Menschen mögen lieber mit positiv denkenden Gesprächspartnern zu tun haben; mit Partnern, die wissen was sie können und wollen und die eine gute (Lebens)-Einstellung zeigen.

Auto-Suggestion

Das sind alles Verhaltensweisen, die Sie selbst beeinflussen können. Nicht nur, dass der Erfolg greifbarer wird: Ihre eigene Stimmung hebt sich, Ihre Laune steigt und Ihr Leben wird lebenswerter. Bezeichnen wir diese Vorgehensweise als Selbst-Manipulation, sozusagen als Auto-Suggestion. Durch diese Selbstbeeinflussung schaffen Sie die Basis für Ihren Erfolg. Die Harmonie baut sich (fast) automatisch auf.

Immer freundlich lächeln

Das fiel schon dem französischen Physiologen Duchenne (Guillaume Benjamin Amand Duchenne de Boulogne, 1806 – 1875) im Jahre 1862 auf, der den kaum wahrnehmbaren Unterschied zwischen aufrichtiger Freude und grimassenhaftem Grinsen beim Lächeln erkannte. Er stellte fest, dass ein Lächeln mit dem Mund so lange kein Zeichen von Fröhlichkeit ist, bis sich auch jener Teil des Muskels zusammenzieht, der das Auge umgibt. Das sogenannte ‚Duchenne-Lachen' gilt heute als Ausdruck offener, ehrlicher und ungetrübter Heiterkeit.

Mimik

Mehr als 100 Jahre später, in den 70er Jahren, erkannte der US-Psychologe und Mimikforscher Paul Ekman (*1934), dass genau 24 Gesichtsmuskeln zusammenspielen und die Bandbreite bei Gefühlsregungen bei Überlegenheit beziehungsweise Unterlegenheit darstellen. Dieses Zusammenspiel der Gesichtsmuskeln sagt deutlich mehr aus als gesprochene Worte, ja, es lässt im Dialog sogar wissen, welcher Gesprächspartner der Überlegene ist. Laut Jörg Metren, Psychologe an der Universität in Saarbrücken, signalisiert das Zusammenspiel der Gesichtsmuskeln in einem winzigen Augenblick fast unbewusst wahrnehmbar Ekel, wenn jemand zu lange angestarrt wird. Die Oberlippe bewegt sich dann leicht zur Nasenspitze und die Nase zieht sich ein wenig zusammen.

Das Mimenspiel

Mehr als 100 Jahre nach Duchenne, nämlich 1978, führten Carl-Herman Hjortsjö (1914 – 1978) und Paul Ekman den Begriff ‚Action Units‘ ein. Sie legten fest, dass die elementaren Grundbewegungen aus 46 sogenannten ‚Action Units‘ (Bewegungs-Einheiten) bestehen. Aus diesen Grundbewegungen setzt sich das komplette Mimenspiel des Gesichts zusammen.

Das menschliche Lächeln ist durch eine festgelegte Folge von Muskelbewegungen charakterisiert. Die Bewegungsfolge zeigt, ob es sich um ein echtes Lächeln handelt. Ist das Lächeln hingegen geheuchelt, verzögert oder verändert sich der Ablauf der Bewegungen. Oder schwindelt uns gerade einer an?

Gesichtsscan

Als greifbare Vision könnte dieses System somit Zugriff/Zugang, nach erfolgter Identifizierung, auf Konten, zu Tresoren, durch Eingangssperren usw. erlauben. Das System könnte Medizinern, Psychiatern und Psychologen helfen, die Mimik ihrer Patienten zu deuten.

Für Gerichtsverfahren oder bei Polizeibefragungen öffneten sich ungeahnte Möglichkeiten. Passkontrollen könnten anders durchgeführt werden, Bankräuber könnten leichter wiedererkannt werden; in Dialogen, Verhandlungen und Verkaufsgesprächen gäbe es fast keine Geheimnisse mehr.

Allerdings wäre auch eine Dauerüberwachung von Menschen nicht nur in Städten keine Utopie mehr.

Geheucheltes Lächeln

Nach Entschlüsselung dieser Bewegungsfolgen startete Terrence J. Sejnowski (*1947) eine interessante Versuchsreihe. Es war ihm beim Versuch an einem Rechner möglich, 95 Prozent geheucheltes Lächeln von echtem Lächeln zu unterscheiden.

Ziel dieser Arbeit mit dem Rechner ist es, alle Informationen zu entschlüsseln, die das Gesicht unwillkürlich unbewusst mitteilt.

Wenn das in der Versuchssituation funktioniert, wird es im täglichen Leben auch so sein.

Es bringt nichts, wenn Sie Ihrem Gesprächspartner etwas vormachen und ihn nur anlächeln, weil Sie ihn anlächeln müssen.

Dieses falsche Lächeln entlarvt Ihr Gesprächspartner. Vorteil für Sie: keine.

Sie werden als vertrauensunwürdig eingestuft. Ihr Ziel zu überzeugen, entfernt sich in nicht erreichbare Distanz.

Also: ehrlich sein und ehrlich bleiben! Dann stimmt auch das Lächeln.

Gute Stimmung auf- und ausbauen

Soweit es Ihnen möglich ist, bauen Sie eine positive Atmosphäre auf. Nicht nur auf die Stimmung bezogen – das haben wir oben beschrieben – sondern auch im räumlichen Umfeld. Soweit es Ihnen möglich ist, sorgen Sie für eine angenehme Raumtemperatur und gute Lichtverhältnisse.

Ein gut durchlüfteter Raum ist dem vorzuziehen, in dem noch die menschlichen Ausdünstungen der Vorveranstaltung zu riechen sind. Sind Sie der Veranstalter beziehungsweise Gastgeber, achten Sie darauf, dass Ihre Gesprächspartner beziehungsweise Zuhörer gut sitzen oder stehen können.

Sorgen Sie für Getränke und kulinarische Kleinigkeiten. Denken Sie daran, dass neben den üblicherweise gereichten Orangen- oder Apfelsäften ein viel weiteres Saftangebot existiert. Säfte auf Pfirsichbasis, Maracuja, Kirsche oder weit Exotischeres.

Heben Sie sich vom Durchschnitt ab, auch wenn es ein paar Cent mehr kostet.

Statt der üblichen Fabrikkekse gibt es bestimmt ein lokales Angebot aus Ihrer Region. Nicht nur, dass so etwas einen guten Einstieg für einen Smalltalk bietet, sondern auch, dass Ihr Gegenüber Ihre Wertschätzung merkt.

Ein warmes beziehungsweise heißes Getränk steigert das Wohlfühlempfinden. Die Wärme des Getränks überträgt sich positiv auf den Kunden.

Nimm dir Zeit – und nicht das Leben

Die älteren Leser und Leserinnen haben diesen Slogan gegebenenfalls noch im Ohr. Das Unternehmen Gasolin hat Mitte der 50er Jahre damit geworben.

Wir verkürzen hier diesen Slogan auf den ersten Teil: Nimm dir Zeit! Denn: Mit das Wichtigste und damit das Wertvollste, das ein Mensch besitzt, ist seine Lebenszeit.

In der heutigen Geschäftswelt muss alles sofort und unglaublich schnell geschehen. Ein unbedachter Knopfdruck kann einen immensen Schaden entstehen lassen oder einen unfassbaren Gewinn einbringen.

Bekanntlich lässt sich die Zeit nicht aufhalten. Aber ganz sicher ist, dass jeder seine Zeit individuell nutzen kann. Wie wichtig ist Ihnen was? Wofür nehmen Sie sich Zeit? Auf unseren Themenbereich ausgerichtet, sollten Sie sich Zeit für den Gesprächspartner nehmen.

Zeigen Sie, dass Sie ihm/ihr Zeit ‚schenken‘. Denn, wie eben angemerkt, ist Zeit das Wertvollste, das Sie schenken oder verschenken können.

Ihr Gegenüber wird merken, wenn Sie sich Zeit nehmen, um einen harmonischen Smalltalk zu führen, bevor es in die ‚harte‘ Verhandlungsphase geht. Wenn Sie auf das Gespräch gut vorbereitet sind, sollten Sie auch tatsächlich genügend Zeit haben.

Hektik auf der Bühne

Unangenehm ist es, wenn der Präsentierende in letzter Minute auf der Bühne versucht, sein Laptop mit den vorhandenen Systemen gleichzuschalten.

Mit Schweißperlen auf der Stirn (und nicht nur dort) versucht er hektisch, sein System zum Laufen zu bringen.

Das Publikum befindet sich schon längst im Raum und findet es bedauerlich, wie seine Zeit hier verplempert wird.

Das ist alles andere als professionell und zeigt, dass sich hier kein ‚Winner‘ präsentiert.

Faire und gewaltfreie Kommunikation

Ihr Ziel ist 100-prozentig eindeutig: Sie wollen einen Gesprächserfolg erzielen. Auch Ihr Gesprächspartner hat sich ein Ziel gesetzt, das er ebenso zu 100 Prozent erreichen will. Sie wollen 100 Prozent – Ihr Gegenüber auch. Wie soll das gehen? 100 + 100 sind 200. Da mathematisch 100 Prozent dem Gesamten entspricht, können in Summe nicht 200 Prozent erzielt werden.

100 Prozent

Also darf jeder nur ungefähr 50 Prozent erhalten? Glücklicherweise sind wir in einer Gesprächssituation und nicht in der Mathematik. Erzielte jeder (nur) 50 Prozent, müsste von einem Kompromiss gesprochen werden. Jeweils die Hälfte der Ziele wurde erreicht. Halb verloren – halb gewonnen? Nun, gewönne einer 100 Prozent, hätte der andere gar nichts. Hier ließe sich im militärischen Jargon von Sieg beziehungsweise Niederlage sprechen. Nein – Sie befinden sich schließlich nicht im Kampf, sondern in einem <u>gemeinsamen</u> Gespräch.

Damit jeder möglichst nahe an 100 Prozent kommen kann, müssen Übereinstimmungen gefunden werden. Teile aus Ihrem Ziel, die mit dem des Gesprächspartners übereinstimmen, ermöglichen aus der mathematischen Lösung eine rhetorische zu machen.

So ist es im angestrebten Fall tatsächlich möglich, dass beide 100-prozentig zufrieden aus dem Gespräch gehen. Sie haben eine Kooperation gefunden, mit der beide höchst zufrieden sind.

Fair bleiben

Bleiben Sie fair! Vermeiden Sie eine Übervorteilung Ihres Gegenübers. Sie hatten dann gegebenenfalls einmal einen Vorteil. Einmal! Ihr Gesprächspartner wird das spüren und deutlich seinen erreichten Nachteil erkennen.

Ein zweites Mal wird er sich nicht auf solch ein ‚Spielchen‘ mit Ihnen einlassen. Er wird sich zukünftig von Ihnen distanzieren. Sie haben einen Geschäftspartner verloren. So etwas spricht sich schnell herum und baut sich zu Ihrem Nachteil auf.

Führungskräfte sollen angeblich immerhin etwa 70 Prozent ihrer Arbeitszeit mit Reden verbringen (müssen). Wie schnell kann hier durch eine unfaire Vorgehensweise das Vertrauen zerstört werden. Deshalb: Bleiben Sie fair! Abgesehen davon ist es ein angenehmes Gefühl zu wissen, dass Sie andere nicht übervorteilen, sondern gleichwertig behandeln.

„Hör mal zu!"

Kommunikation ohne Gewalt. Na gut. Will ja auch keiner dem anderen etwas Böses, oder doch? Ok, manchmal. Und dann kommen schon mal Beleidigungen und verbale Angriffe vor, die sich bei ‚gesitteter' Kommunikation von sich aus verbieten. Lassen wir solche Nachrichten einer Kommunikation im Folgenden außen vor.

Interessanter wird es ja sowieso, wenn es um versteckte oder unterschwellige Nachrichten geht. So, dass ein Dritter vielleicht gar nicht genau mitbekommt, worum es überhaupt geht. Aber auch hier wollen wir möglicherweise versteckte Drohungen außer Acht lassen.

Wir wissen, dass Nachrichten missverstanden werden können. Trickreich wird es dann, wenn der Sprecher eine Nachricht sendet, die den Empfänger das verstehen lässt, was dieser verstehen will. Nochmal: Der Sender sagt etwas, was ganz anders gedeutet werden könnte, als es der Empfänger versteht, und zwar weil er es so verstehen will.

Jemanden wegloben

Beispiel: Der Chef sagt zum Mitarbeiter: „Sie sind der richtige Mann für diese Aufgabe." Der Mitarbeiter fühlt sich geschmeichelt, da er ein Lob hört. Meinte der Chef vielleicht, dass er der richtige Mann für ‚diese Aufgabe' ist? Also für keine andere. Vielleicht sogar nur für diese eine Aufgabe, da er für eine andere Tätigkeit nicht genügend Wissen, Kenntnisse oder Fähigkeiten hat? So wird jemand weggelobt von einer (eventuell gewünschten) Arbeit hin zu einem anderen Arbeitsbereich, den der Chef hier vergeben will.

Positive Formulierungen verwenden

Gut, das ist alles möglich. Wir gehen noch einen Schritt weiter, indem wir positive Formulierungen wählen, um etwas so auszudrücken, dass es für das Ohr ‚gefälliger' wird.

Sie kennen bestimmt die Aussage „Lieber halb voll statt halb leer". Das klingt besser als umgekehrt, zeigt es doch die positive Einstellung zur gefüllten Menge im Glas. Deshalb ist es auch sinnvoll von einer ‚Herausforderung' statt von einem ‚Problem' zu sprechen.

Herausforderung sagt, dass eine Aufgabe bewältigt wird und dann ein besserer (Zu-)Stand als vorher besteht. Herausforderung klingt positiv.

Das Wort Problem hingegen ist negativ belastet. Wenn jemand ein Problem hat, ist er nicht zu bewundern. Und wer mag schon zu der Gruppe Menschen gehören, die nicht zu bewundern ist.

Wer von Problemen spricht, zeigt eine eher negative Einstellung im beziehungsweise zum Leben. Herausforderungen hingegen klingen positiv. Werden diese bewältigt, dann haben wir einen Gewinner vor uns. Und mit einem Gewinner will die Gesellschaft gerne zusammen sein.

Viele Wörter lösen beim Zuhörer ein Gefühl aus. Wer als Gewinner dastehen will, sollte seine Wörter überlegt wählen, um verbal genau diesen Eindruck zu vermitteln. Im nächsten Kapitel gehen wir deshalb auf die gefühlsbetonte Bedeutung von Wörtern ein.

Euphemismus – Schönmalerei

Nehmen wir beispielsweise ‚verjüngen' oder ‚verschlanken', in Pressemitteilungen verschiedener Unternehmen. Jung klingt gut, schlank ebenso. So kann es sich bei den beschriebenen Vorgängen nur um Positives handeln. Wunderbar, es droht keine Gefahr.

Tatsächlich ist gemeint, dass ältere Mitarbeiter durch jüngere ersetzt werden. Oder, dass einige Mitarbeiter entlassen werden, um Kosten einzusparen. Also doch nicht mehr so gut wie anfangs angenommen.

In diesem Zusammenhang wird von ‚Schönfärberei' gesprochen, von Euphemismus (Definition: Worte von guter Bedeutung). Ein klassisches Beispiel hierzu ist die sogenannte ‚Reichskristallnacht', tatsächlich die Nacht der antijüdischen Übergriffe und Zerstörungen, bekannt unter dem Namen Pogrom.

Eine ‚Freisetzung von Arbeitskräften' klingt besser als ‚Kündigung'. Und die Gesichtscreme für die ‚reife Haut' soll ältere Menschen ansprechen. Der (Zu-)Hörer der Schönmalerei kann fast nicht anders, als in eine positive Grundstimmung zu gelangen.

Durch Gemeinsamkeiten lenken

Es ist deutlich, dass durch die geschickte Wahl eines gewissen Wortschatzes eine gewünschte Stimmung beziehungsweise Atmosphäre in einem Gespräch ausgelöst werden kann.

Dein Problem

Dem Flugpassagier ist etwas Unerfreuliches passiert. Sein Flug wurde gestrichen. Nun steht er aufgewühlt, hilflos und verzweifelt am Schalter der ehrwürdigen Fluggesellschaft. Die Bodenstewardess hinter dem Schalter verkündet lapidar: „Der Flug ist gestrichen.‟

Unausgesprochen hängt in der Luft: „Da haben Sie ein Problem. Das müssen Sie jetzt lösen‟. Toll, wer mag schon solche Situationen.

Sehr schnell kann es hier zu unschönen Reaktionen des Fluggastes kommen, die vielleicht sogar ausfallend gegenüber dem Schalterpersonal werden. „Das ist mir nun schon zum zweiten Mal passiert. Was ist das denn für eine … Gesellschaft hier? Können Sie den Flugplan nicht einhalten? Ich habe einen wichtigen Geschäftstermin, den ich nun absagen muss.‟ Und so weiter und so weiter. Nachvollziehbar, dass sich der Passagier echauffiert.

Tatsächlich kann er die Streichung des Flugs nicht rückgängig machen. Bleibt er nun mit seinen ‚Problemen‘ allein, fühlt er sich als Verlierer und schiebt selbstverständlich die Verantwortung auf die Fluggesellschaft, die er möglicherweise in Zukunft meidet.

Das Bodenpersonal mag zwar denken „Was geht mich das Problem des Passagiers an?‟, riskiert aber auf Dauer das Ausbleiben ebenjenes Flugpassagiers. Und anderer Passagiere ebenso, sodass das Bodenpersonal selbst hinter einem leeren Schalter stehen wird oder vor dem Schalter bei einer Arbeitsvermittlung Platz genommen hat.

Vom Du zum Wir

Also wird die geschickte Angestellte der Fluggesellschaft ganz anders vorgehen. Sie verhält sich sinngemäß so:

Information:	„Der Flug ist gestrichen."	Es
Annahme:	„Da haben Sie ein Problem."	Du
Lösungsweg:	„Lassen Sie uns eine Lösung finden."	Wir

Unter ‚Es' ist die (Tat-)Sache gemeint. Intelligenterweise wurde vom ‚Du' zum Lösungsweg ‚Wir' gelenkt. Der Fluggast fühlt sich nun nicht mehr allein. Er hat sozusagen eine verbündete Person gefunden, die hilft.

Doppelt geschickt, denn das ‚Wir' im Lösungsweg weist darauf hin, dass die Angestellte der Fluggesellschaft nicht allein, sondern zusammen mit dem Fluggast eine Lösung suchen soll oder will. Der Flugpassagier wurde elegant mit in die Lösungsfindung einbezogen. Möglicherweise unterbreitet er von sich aus schon einen Lösungsweg wie: „Gibt es einen Flug mit einer anderen Gesellschaft?" Nun kann die Mitarbeiterin tatsächlich nachforschen.

Vom Problem zur Lösung hinlenken

Aus dieser Überlegung wird klar, dass eine Lösung gemeinsam besser gefunden werden kann als allein. Diese Vorgehensweise lässt sich in allen möglichen Vergleichssituationen unterbringen:

„Ich muss Ihnen kündigen."

„Nun sind Sie ohne Beschäftigung."

„Wie finden wir eine Lösung für Sie?"

Merken Sie, dass gar nicht mehr nach dem Grund der Kündigung gefragt wird? Nein, es wird bereits auf der Ebene der Lösungsfindung gehandelt.

Üblicherweise wird der Betroffene auf diese Lenkung eingehen, ist er doch an einer Lösung seines Problems interessiert.

Diese Vorgehensweise ist im Sinn der trickreichen Rhetorik fast schon als genial zu betrachten. Sozusagen in aller Ruhe werden die Auslöser einer Misere ins Belanglose gezogen und gleichzeitig das Gewicht auf die Lösung verschoben.

Durch Körpersprache lenken – Übereinstimmung zeigen

Mit Händen und Füßen sprechen

Da die Körpersprache im Dialog etwa 55 Prozent der Kommunikation ausmacht (also immerhin mehr als die Hälfte!), wollen wir uns hier diesem Thema widmen.

So wird, um Nähe, Interesse und damit geschäftliche Intimität zu erzeugen, nicht nur im beruflichen Umfeld bei der Begrüßung die Hand gereicht. Im Privaten geht es unter Umständen weiter in Form von Umarmungen oder Küsschen.

Der gegenseitige Händedruck zeigt, dass die Gesprächspartner einander akzeptieren und ‚auf gleicher Höhe' miteinander verhandeln. Dabei ist es weltweit wichtig, dass die rechte Hand als Grußhand angesehen wird. In einigen Kulturen gilt die linke Hand sogar als unrein. Nicht nur deswegen sollten Produkte ebenso mit der rechten Hand überreicht werden; in einigen asiatischen Ländern mit beiden Händen.

Hand schütteln vor dem finalen ‚Ja'

Trickreich ist es, dem Geschäftspartner kurz vor Geschäftsabschluss die Hand zu schütteln. Obwohl das Geschäft noch nicht gelaufen ist, ergibt sich unterschwellig eine große Übereinstimmung. Es fehlt sozusagen nur noch das kleine ‚Ja' zur endgültigen Zustimmung.

Zunicken

Auch das Zunicken, während das Gegenüber redet, unterstützt dessen Glauben, dass Sie ihm zustimmen. Er sieht keine Gefahr oder gar einen Angriff Ihrerseits und fühlt sich wohl. Gegebenenfalls wird er unaufmerksam, was Sie wiederum ausnutzen können.

Dass Sie beim Zunicken auch lächeln können, verstärkt den positiven Eindruck. Wer mag nicht durch ein Lächeln belohnt werden.

Spieglein, Spieglein an der Wand – Ich will so sein wie Du

Wenn Sie einen Menschen frieren sehen, sinkt die eigene Körpertemperatur. Je empathischer Sie sind, desto mehr sinkt Ihre Temperatur. Das wurde in einem Experiment nachgewiesen, welches im Magazin Plus One veröffentlicht wurde. (Quelle: Apotheken Umschau 2015). Der Mensch fühlt mit dem anderen mit und will so sein wie er.

Das Monster wirkt bedrohlich

Stellen Sie sich vor, Sie gehen in einem Park spazieren. Es ist ein schöner, sonniger Tag. Die Oberfläche des kleinen Sees spiegelt friedlich den blaustrahlenden Himmel. Es geht Ihnen gut.

Plötzlich kräuselt sich die Wasseroberfläche. Das Wasser beginnt unruhig zu brodeln. Taucht da nicht etwas aus dem Wasser auf? Ja, tatsächlich. Was ist denn das? Ein großes, grünes, schleimiges Etwas kommt an die Oberfläche. Ein Monster! Nun blickt es Ihnen auch noch direkt in die Augen. Und nun? Es bewegt sich langsam aber sicher auf Sie zu.

Sie trauen Ihren Augen nicht. Ihre Pupillen sind weit aufgerissen. Jetzt sind Sie regelrecht in einer Art Schrecksekunde bewegungslos gefangen.

Dann schreien Sie laut auf. Ihre Muskeln erhalten wieder Energie. Wie vom Blitz getroffen werden Sie schlagartig aktiv. Sie drehen sich um und rennen voller Panik so schnell Sie können davon.

Menschliche Reaktion

Nun, Sie haben sich ‚menschlich‘ und damit richtig verhalten. Schließlich sind Sie ein Mensch und kein Computer. Versuchen wir das obige Beispiel zu erklären. Ein Mensch fühlt sich wohl und sicher, wenn er Bekanntes erlebt oder wahrnimmt. Er weiß mit dem Bekannten umzugehen, sodass er entsprechend handeln kann.

Schrecksekunde – Schreckstarre

Taucht nun Neues in seinem Wahrnehmungsbereich auf, treibt ihn die Neugierde, freundlicher ausgedrückt die Lern- und Wissbegierde an, zu sehen und zu verstehen, was er wahrnimmt. Das dauert nur einen kurzen Augenblick. Nimmt er etwas wahr, was ihm a) unbekannt und b) bedrohlich erscheint, muss er – zum eigenen Schutz – reagieren. In dieser kurzen Zeit seiner Wahrnehmung scheint er regelrecht eingefroren zu sein, damit er sich von nichts Unnötigem ablenken lässt.

Kampf oder Flucht

Lässt die körperliche Sperre nach, muss er augenblicklich entscheiden, ob er sich dem Neuen stellen will oder – sicherheitshalber – das Weite suchen soll. Die erste Situation wird in der Psychologie als Kampf bezeichnet. Die Alternative – das Wegrennen – ist die Flucht. Sicher ist sicher.

Unbekanntes bereitet Angst

Weshalb entsteht in solch einer Situation Angst? Bekanntes vermittelt Sicherheit, wie oben beschrieben. Entspricht eine Wahrnehmung nicht dem Bekannten, wird der Mensch unsicher. Er weiß nicht, wie er gefahrlos mit der neuen Situation umgehen kann. Genau das erzeugt die Angst in ihm.

Der Bekannte in Ihrem Spiegelbild

Lassen Sie uns diesen psychologischen Effekt auf das Zusammentreffen zweier Menschen übertragen. Unterstellen wir, dass Sie weitestgehend mit sich selbst im Reinen sind. Betrachten Sie sich im Spiegelbild, sehen Sie (verständlicherweise) jemanden, der Ihrer Wahrheit entspricht.

Das Spiegelbild scheint auch mit sich selbst im Reinen zu sein. Wunderbar. Es gibt keinen Grund sich zu verstellen.

Sie sehen jemanden, der Ihnen bekannt und damit vertrauenswürdig ist.

Heben Sie Ihren rechten Arm, hebt das Spiegelbild auch seinen Arm. Allerdings seinen linken. Das sind Sie bei Ihrem Spiegelbild genauso gewohnt.

Führen Sie Ihre linke Hand vor den Körper, zeigt Ihr Gegenüber im Spiegel seine rechte Hand.

Das bedeutet: im Laufe Ihres Lebens haben Sie sich daran gewöhnt, wie Ihr Gegenüber auszusehen hat und aussieht.

Der Fremde außerhalb des Spiegels

Treffen Sie nun auf einen unbekannten Menschen, lassen Sie anfangs Vorsicht walten. Sie werden ihn genau beobachten. Verhält er sich Ihrer Körpersprache entsprechend spiegelbildlich, nehmen Sie Bekanntes und Wahres wahr. Es droht keine Gefahr. Sie werden relativ schnell Vertrauen zum Gegenüber aufbauen.

Zeigt Ihr Gegenüber keine spiegelbildlichen Muster, werden Sie erst einmal auf kritischer Distanz bleiben.

Kaum einer will als außenstehender Gefährlicher oder Langweiler angesehen werden. Viel lieber will sich der Mensch im Wohlsein des Gegenübers wähnen. Im Idealfall will er so sein, wie das Gegenüber ist. Das ist hörbar durch eine vergleichbare Art der Kommunikation, durch gleichzeitiges Lachen und durch gegenseitige Zustimmung.

Über die Körperhaltung lässt sich die Zustimmung ebenso ganz klar und deutlich ausdrücken.

Sich spiegeln

Wenn zwei Gesprächspartner sich körpersprachlich spiegeln, denken sie auf gleicher Ebene. Sie demonstrieren einander (meist unbewusst), dass beide so sein wollen (so akzeptiert sein wollen) wie sein Gegenüber.

Positives Spiegeln

Ihr Gesprächspartner sitzt.
Seine Beine stehen parallel zueinander. Das ist eine neutrale bis offene Körperhaltung.

Sie sitzen sich gegenüber und nehmen dieselbe Körperhaltung ein. Jetzt spiegeln Sie Ihren Gesprächspartner nonverbal.

Negatives Spiegeln

Ihr Gesprächspartner sitzt. Er hat
ein Bein quer über das andere
gelegt. Das Knie des übergeleg-
ten Beines zeigt in Ihre Richtung.

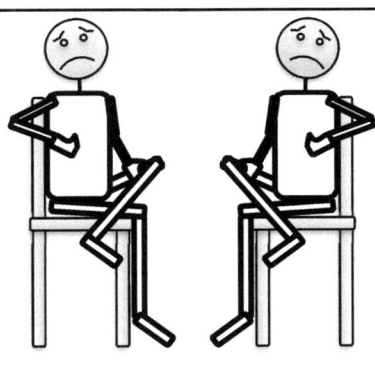

Wenn Sie ein Spie-
gelbild erzeugen
wollen, setzen Sie
sich entsprechend.
Jetzt zeigen Sie
eine gegenseitige
Blockade.

Auch zwei Perso-
nen, die sich nicht
mögen, zeigen das
durch das Spiegeln
in der Körperspra-
che (da sich ja
<u>beide</u> nicht mö-
gen).

Achtung: Wollen Sie, dass Ihr Gegenüber Sie sympathisch
findet, spiegeln Sie dessen Körpersprache, vor allem zu Beginn des Gesprächs. Achten Sie aber auf positives Spiegeln.

Spiegeln zu Gesprächsbeginn

Einige Beispiele

1. Beispiel: Standbein und Spielbein

Die Person links spielt mit ihrem linken Bein. Das ist das Spielbein. Das andere, das feststehende, ist das Standbein. Wechselt einer Stand- und Spielbein, wechselt der andere auch.

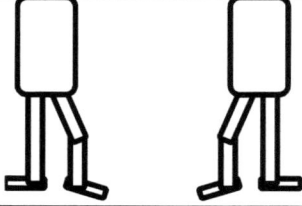

2. Beispiel: Stellung der Füße

Die Füße zeigen mit der Spitze auseinander. Beide haben eine überzeugende Haltung. Die Füße können wie ein offenes ‚V‘ nach vorne zeigen. Oder einer der Füße zeigt etwas mehr zur Seite, wie hier abgebildet.

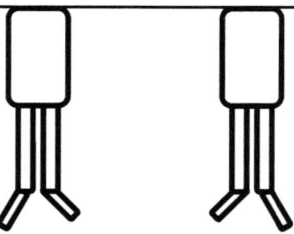

3. Beispiel: An sich festhalten

Beide scheinen noch etwas zurückhaltend zu sein. Sie halten sich schützend an sich selbst fest. Damit bauen Sie eine kleine Blockade auf.

4. Beispiel: Sich stark machen

Beide stemmen die Hände auf die Hüfte. Sie erscheinen durch die abgewinkelte Armhaltung breiter als üblich. Damit soll Stärke und Selbstbewusstsein demonstriert werden.

5. Beispiel: Direkt gegenüberstehen

Beide stehen direkt – frontal – einander gegenüber. Sie sind aktiv in einem Dialog versunken. Ein Dritter würde den Dialog stören.

6. Beispiel: Zur Seite hin öffnen

Beide haben sich etwas zur Seite geöffnet. Nach wie vor zeigen Sie Sympathie zueinander. Die Öffnung bietet einem Dritten an, in das Gespräch einzusteigen. Das ist die richtige Körperhaltung, beispielsweise im Smalltalk.

Spiegeln Sie die Körpersprache Ihres Gegenübers!

Spiegeln Sie die Mimik Ihres Gegenübers. Wenn etwas Lustiges erzählt wird, dann lachen Sie, bei Ernsterem blicken Sie ernsthaft drein. Einer erkennt sich sozusagen im Anderen wieder. Kommunizieren Sie mit Mimik und Gestik. Setzen Sie dabei Gesten deutlich ein (womit auch das leidige „Wohin mit den Händen" geklärt ist). Allerdings: Beachten Sie bei Menschen anderer Kulturen, dass manche körpersprachliche Signale anders als in Deutschland verstanden werden können.

Autonome Augenbewegung – Wohin guckst du?

Sicherlich haben Sie schon einmal die Aussage gehört „Der kann mir nicht in die Augen schauen". Dabei meinten Sie, dass Ihr Gegenüber etwas zu verbergen hatte. Er mied den direkten Blickkontakt. Fürchtete er, Ihrem Blick nicht Stand halten zu können? Nahm er an, dass seine Augen etwas verraten würden?

Nun, im Bereich Pacing (ein Begriff aus dem NLP, dem Neurolinguistischen Programmieren) gibt es allemal Deutungsversuche zur Augenstellung des Gesprächspartners. Unter autonomer Augenbewegung wird verstanden, dass der Betroffene die Augenbewegungen nicht steuern kann und gleichzeitig innere Vorgänge nach außen zeigt.

Vorauszuschicken bei solchen Überlegungen ist immer, dass auf eine Aktion eine Reaktion folgt. Die Reaktion wird durch körpersprachliches Verhalten (hier die Augenstellung) unterstützt. Fragen Sie Ihren Gesprächspartner, ob er sich (wegen einer begangenen Sache) nicht schäme (das ist die Aktion), kann es sein, dass er nun seinen Blick nach unten wendet (das ist die Reaktion). Aus dieser Reaktion ist anzunehmen, dass sich Ihr Gegenüber unwohl fühlt – und vielleicht auch schämt.

Die beiden Hemisphären

Nun wollen wir diese Überlegungen mit dem Modell der zwei Hemisphären verknüpfen. Denn je nachdem, in welche Richtung Ihr Gegenüber den Blick richtet, sind (nach dem Modell) bestimmte Rückschlüsse zu ziehen. Wandern die Augen nach links oben, suchen sie sozusagen in der linken Hirnhälfte. Nach rechts oben gerichtet, wird in der rechten Hirnhälfte gesucht. Es gelten die Angaben für Rechtshänder. Bei Linkshändern bitte spiegelverkehrt betrachten.

Testen Sie das mit einer Ihnen bekannten Person. Stellen Sie eine Frage und beobachten die Bewegung der Augen. „Was machtest du um 17:00 Uhr an Heiligabend vergangenen Jahres?" Der Gefragte weiß, dass Heiligabend stattfindet und stattfand. Aber was er genau um 17:00 Uhr machte, weiß er nicht mehr genau. Deshalb muss er nachdenken – und Schwupps – die Augen wandern nach links oben. Interessant werden die Beobachtungen für Verkäufer (Verkauf von Dienstleistung, Produkt, Idee, eigene Arbeitskraft u.a.).

Denn der Verkäufer kann aus der Augenstellung des Käufers rückschließen, wie dieser – genau: mit welcher Hirnhälfte – er gerade arbeitet.

Was die Augenstellung verrät

In den unten dargestellten Bildern wird von einem Rechtshänder ausgegangen. Im ersten Bild (links) schaut er (<u>aus seiner Sicht</u>) nach rechts oben.

1. Augenstellung: Augen außen oben

visuell-konstruie-rend; visuelle zukünftige Bilder		visuell-er-innernd; visuelle erinnerte Bilder

2. Augenstellung: Augen außen Mitte

auditiv-konstru-ierend; hört zukünftige Geräusche, Wörter		auditiv-erin-nernd; erinnerte Geräusche, Wörter

3. Augenstellung: Augen außen unten

Kinästhe-tisch; Empfin-dungen, Gefühle		auditiv-di-gital; innerer Dialog mit sich selbst

Stehen die Augen links oben, können Zahlen, Daten, Fakten gut besprochen und bearbeitet werden. Stehen die Augen rechts oben, greifen Zahlen, Daten und Fakten überhaupt nicht. Sie werden vom Gesprächspartner nicht verarbeitet. Besser ist es nun, über Emotionen, Visionen, Bilder, Geschichten u.a. zu sprechen. Ihr Gesprächspartner wird Sie nun gut verstehen. Dem positiven Gesprächsverlauf steht nichts im Wege.

Beobachten und Gleichziehen

Zumindest für den Beginn eines Gesprächs lautet die Empfehlung, sich körpersprachlich zu spiegeln.

Beobachten Sie die Körperhaltung Ihres Gegenübers und spiegeln Sie sie.

Ihr Gegenüber nimmt in Ihrer Körpersprache das wahr, was ihm bekannt und richtig erscheint. Sein Vertrauen Ihnen gegenüber wird sich schneller und leichter aufbauen.

Das bedeutet für beide ein angenehmes Gesprächsergebnis, das bald greifbar sein wird. Sie beide werden das Gespräch als erfolgreich bezeichnen und mehr als zufrieden auseinandergehen.

Achtung: negatives Spiegeln

Bedenken Sie lediglich die oben dargestellte Spiegelung der blockierenden Körpersprache.

Obwohl die eindeutige Spiegelung zu beobachten ist, zeigt sich gegenseitig, dass sich beide Gesprächspartner <u>nicht</u> mögen.

Das ist zwar eine eindeutige Übereinstimmung; sie bringt bedauerlicherweise keinen gemeinsamen Erfolg. Das widerspricht Ihrem Gesprächsziel.

Sie wollen schließlich Ihren Gesprächspartner von Ihrer Idee überzeugen.

Mit einer negativen körpersprachlichen Spiegelung kann das nicht gelingen.

Sympathie und Antipathie

Liebe Leserin, lieber Leser, Sie haben nun eine Erklärung erhalten, weshalb bei einem erstmaligen Zusammentreffen manchmal recht schnell Sympathie entsteht und in anderen Fällen nicht.

Im letzten Fall werden beide nicht miteinander warm.

Natürlich gibt es viele Gründe für den Aufbau von Sympathie beziehungsweise Antipathie während des berühmten ersten Eindrucks. Einer der Gründe wurde in diesem Teil des Handbuchs deutlich dargestellt.

Wie bei vielen anderen Dingen auch hilft Ihnen im ersten Schritt die Beobachtung des Phänomens bei anderen.

Betrachten Sie zwei Personen, die miteinander im Gespräch sind. In der Fußgängerpassage, bei Freunden, auf einer Party, am Arbeitsplatz und an anderen Stellen.

Sobald Sie das Spiegeln erkennen können, beobachten Sie sich selbst, sobald Sie mit jemandem kommunizieren.

Es kann sein, dass Sie sich wundern, wie deutlich das Spiegeln auch an Ihnen sichtbar wird.

Im dritten Schritt setzen Sie die Spiegelung aktiv ein, um für eine angenehme Gesprächsatmosphäre zu sorgen beziehungsweise schneller zum rhetorischen Erfolg zu kommen.

Teil 3 – Austricksen unfairer Manipulationsversuche

Wie die Körpersprache das Gespräch manipuliert

Austricksen unfairer Manipulation

Liebe Leserin, lieber Leser, Sie sind im dritten Teil dieses Handbuchs angelangt.

Akzeptierend, dass wir manipulieren und manipuliert werden, soll nun gezeigt werden, wie gegen eingesetzte Manipulation geschickt vorgegangen werden kann.

Bringt es Ihnen einen Vorteil, wenn Sie manipuliert werden, dann gibt es keinen Grund gegen den Manipulations-Versuch vorzugehen.

Fürchten Sie hingegen einen Nachteil, sollen und dürfen Sie die Manipulation entlarven. Dann können Sie selbst entscheiden, wie Sie weiter verfahren wollen.

Manipulation, die Ihnen eindeutig einen Nachteil bringen kann, wird in Folge als ‚unfaire Manipulation' bezeichnet.

Auch wenn es sicher ist, dass wir uns nicht immer und überall gegen Manipulationen wehren können (oder wollen), soll es zumindest jedem selbst überlassen sein, mit ‚wachen Augen' durchs Leben zu schreiten.

Wer es will und es für sinnvoll erachtet, sollte sich ‚trickreich' gegen unerwünschte Manipulationsversuche wehren. Tricksen Sie den Manipulierenden aus!

Starten wir mit dem oben beschriebenen Effekt des Sich Spiegelns – und zwar aus der Sicht, wie Sie diesen in Ihrem Sinne – und damit manipulierend – einsetzen können.

Nonverbale Gesprächsübernahme

Wir halten fest, dass durch das körpersprachliche Spiegeln der Gesprächspartner etwas Positives wahrnimmt. Deshalb lautete weiter oben die Empfehlung, besonders zu Beginn eines Gesprächs die Körpersprache zu spiegeln, zumindest so lange, bis der Gesprächspartner keinen Argwohn mehr wähnt.

Wenn unser Tipp lautet, die Körpersprache des Gesprächspartners zu imitieren bedeutet das, dass Sie die Körperhaltung einnehmen, die der andere vorgibt.

Ihr Gesprächs-partner …	Bisher:	Sie …
… legt beide Hände auf den Tisch.	Ihre Hände liegen auf Ihrem Schoß	

… legen beide Hände auf den Tisch

... beugt sich zu Ihnen vor.

Ihre Hände liegen auf dem Tisch.

... beugen sich vor

... stützt seinen Kopf mit der rechten Hand.

Sie sind vorgebeugt.

Sie sind nun in dem gewünschten stressfreien Status für beide angelangt. Aber: Sie sind körpersprachlich immer gefolgt.

Bestimmt kennen Sie den Spruch „Wer fragt führt". Gemeint ist, dass der Fragende den Gesprächsablauf vorgibt und damit bestimmt. Der Fragende ist stärker.

Wollen Sie im Gespräch immer folgen? Nein! Sie wollen ja schließlich etwas ‚verkaufen'. Ihre Idee, Ihr Angebot, soll übernommen werden.

Deshalb heißt es jetzt, dass Sie die Spiegelung der Körpersprache vorgegeben. Nehmen Sie Ihre Hände vom Tisch und lehnen sich weit zurück, so als wollten Sie das Gesprochene kurz ungestört reflektieren.

Sie werden höchstwahrscheinlich beobachten, dass sich
Ihr Gesprächspartner nun auch zurücklehnt.

Unbewusst spiegelt er Sie. Bravo! Sie übernehmen die
Führung. „Ich habe da eine Frage …" Dabei stützen Sie
nun Ihren Kopf mit der linken Hand ab. Ihr Zeigefinger
stützt die Wange.

„Was könnte geschehen, wenn …" Ihr Gesprächspartner
nimmt die gespiegelte Haltung an.

Er überlegt kurz, bevor er Ihnen antwortet. Nun nehmen Sie Ihre Hand vom Kopf und beugen sich interessiert nach vorn. „Das hört sich interessant an …"

Nach wenigen Augenblicken wird Ihr Gesprächspartner durch das Vorbeugen seines Körpers die räumliche Distanz zu Ihnen verringern. Er hört aufmerksam und gut zu.

Sie dominieren das Gespräch und bestimmen, wie es ge-
führt wird.

Bitte betrachten Sie das oben gezeigte Beispiel nur als sol-
ches. Mit dieser Manipulation befinden Sie sich bereits in der
höheren Sphäre der Rhetorik.

Wenn Sie diese Technik trainieren wollen, sollten Sie – wie
üblich bei solcher Art Training – erst einmal andere Menschen im Dialog beobachten, bevor Sie selbst aktiv werden.
Wie an anderer Stelle bereits mehrfach betont: Vermeiden
Sie negative Körpersignale, wie das Verschränken der Arme
vor dem Körper. Diese Haltung kann (unbewusst) unangenehm beim Gesprächspartner ankommen, sodass er sich
ebenso verschließt. Das wäre kontraproduktiv.

Wie unfaire Techniken das Gespräch manipulieren

Fairness? Wo gibt es die?

Tauschen sich Menschen zum Thema Manipulation aus, kommt oft ganz schnell die Aussage, dass der Einsatz von Manipulation nicht korrekt sei. Dazu haben wir uns weiter oben schon ausgelassen. In einem fairen Austausch wollen und sollen beide gewinnen. Natürlich – in unserem Themenbereich soll derjenige, der psychologisch vorgehen kann, noch mehr Gewinn erzielen können.

Unfaires Vorgehen

Nun gehen wir einen Schritt weiter, nämlich tatsächlich zur Manipulation der unfairen Art. Diese Form der Manipulation wollen wir hier in diesem Handbuch ausdrücklich nicht unterstützen.

Da es hingegen kein Geheimnis ist, dass manche Gesprächspartner diese unfaire Art einsetzen, weisen wir trotzdem auf diesen Themenbereich hin. Und zwar deswegen, um dem fairen Verhandlungspartner die Gefahren aufzuzeigen, die hinter diesem Verhalten lauern. Und im nächsten Schritt soll diese unfaire Vorgehensweise zu erkennen sein, damit Ihnen ermöglicht wird, gegebenenfalls dagegen vorzugehen. Oder – das ist eine Alternative – dieses unfaire Vorgehen zu ignorieren.

Unfaire Technik 1: Mit sexuellen Reizen spielen

Beginnen wir mit Offensichtlichem. Die Bewerberin reizt mit ihren körperlichen Merkmalen während des Vorstellungsgesprächs. Es mag Männer geben, die darauf positiv reagieren. Die meisten Verantwortlichen werden dieses Vorgehen eher als unpassend betrachten und von der Bewerberin Abstand nehmen. Tief ausgeschnittene Dekolletés, übertriebenes Make-Up, aufreizendes Augenklimpern haben in der seriösen Geschäftswelt nichts zu tun.

Im Verkaufsgespräch – hier Bewerbungsgespräch – ist korrekterweise nicht nur fachliches Wissen, sondern auch die menschliche Komponente gefragt. Hier wird allerdings deutlich einen Schritt zu weit gegangen.

Echtes Pech, wenn der Bewerberin unerwartet eine weibliche Interviewerin gegenübersitzt. Meist wird diese noch abweisender auf diese Art der Reize reagieren. Vielleicht auch deshalb, weil sie Konkurrenz wittert.

Kühlen Kopf bewahren

Sollten Sie die Rolle des Interviewers beziehungsweise der Interviewerin einnehmen, dann behalten Sie einen kühlen Kopf. Bleiben Sie freundlich und sachlich. Lassen Sie sich nicht einwickeln. Sie suchen eine kompetente Mitarbeiterin und kein Mannequin.

Unfaire Technik 2: Warten lassen

Sie kommen gut vorbereitet zu einem Gespräch. Sie haben Zeit investiert und sich gut vorbereitet. Ihr Treffen ist für 10:00 Uhr angesetzt. Wenige Minuten vor 10:00 Uhr sind Sie erschienen, um sich zu ‚akklimatisieren'. Konkret heißt das: Sie können die Waschräume aufsuchen, schauen, ob Ihr Outfit sitzt. Sie nutzen die paar Minuten, um ‚runter zu kommen'; womit gemeint ist, dass Sie ruhig durchatmen und versuchen, aufkommenden Stress einzudämmen.

Nun ist es 10:00 Uhr. Sie warten. Es wird 10:15 Uhr. Und Sie warten immer noch. Auch um 10:30 Uhr geschieht noch nichts. Wie lange wollen Sie warten? Vor etlichen Jahren war es denkbar, dass Ihr Gesprächspartner Sie bewusst warten ließ, um Sie ‚mürbe' zu machen.

Win-Win oder Win-Lose?

Es wird – aus Ihrer Sicht – ein Lose-Win-Verhältnis aufgebaut. In der heutigen Zeit ist das mehr als unfair, denn wir erwarten ein Win-Win-Vorgehen. Und dazu gehört die gegenseitige Achtung und Wertschätzung. Da die ‚Zeit' mit das Wertvollste ist, was wir im Leben haben, bedeutet eine ungebührliche Wartezeit, dass die ‚Zeit' des Gesprächspartners vergeudet wird.

Selbstverständlich ist es immer einmal möglich, dass etwas Unerwartetes geschieht, was eine Verschiebung des vereinbarten Termins nach sich zieht. In solch einem Fall sollte Sie eine Assistenz Ihres Gesprächspartners auf die mögliche Wartezeit hinweisen.

Erfolgt dieser Hinweis nicht, kommen Sie in die weiter oben beschriebene Situation.

Da wir von einer Win-Win-Situation ausgehen (Sie wollen etwas verkaufen – Ihr Gegenüber will etwas kaufen), soll auf gleich hohem Niveau miteinander umgegangen werden. Warten Sie nicht zu lange, da Sie sonst zwangsläufig in die ungewollte Lose-Win-Rolle rutschen („Ich muss ja froh sein, dass ich überhaupt die Möglichkeit habe, mein Produkt zu präsentieren."). Das ist eine ganz schlechte Ausgangsbasis. Sehr wahrscheinlich würde sich das später auch in der vertraglichen Vereinbarung niederschlagen. Das heißt, dass Sie Ihr Produkt nur zu Minimalbedingungen verkaufen können. Also: Aufstehen und bei der Assistenz nachfragen, mit welcher Wartezeit Sie zu rechnen haben. Dann liegt die Entscheidung wieder bei Ihnen, ob und wie lange Sie warten wollen. Erscheint Ihnen die Wartezeit zu lange – und 15 Minuten sind hier schon lange, – dann bieten Sie an, zu einem späteren Zeitpunkt wiederzukommen. Durch dieses Angebot zeigen Sie, dass Sie weiterhin am Gespräch interessiert sind. Aber auch, dass Sie nicht bereit sind, ewig zu warten. Bleiben Sie bei diesem Vorschlag freundlich, denn Sie wollen ja Ihre Idee verkaufen, sonst wären Sie nicht vor Ort. Durch Ihr Angebot bieten Sie Ihrem Gegenüber, sein Gesicht zu wahren. Er könnte Ihnen dann möglicherweise einen späteren Termin anbieten. Zu guter Letzt: Umgekehrt wird natürlich ebenso erwartet, dass Sie pünktlich erscheinen. Denn es ist anzunehmen, dass für Ihr Gegenüber die Zeit ebenso wertvoll ist.

Unfaire Technik 3: Strategische Sitzposition

Der Kunde soll sich wohlfühlen. Deshalb wird ihm ein angenehmer Sitzplatz angeboten. Das ist der Platz, auf dem der Kunde ‚unbedroht' sitzen kann, von dem er den Raum gut einsehen kann, wo ihn kein Licht blendet. Dieser Platz ist der ‚bessere'. Es ist vorteilhaft, solch einen Platz zu wählen. Strategisch gute Sitzpositionen sind die Plätze, die möglichst den kompletten Raum übersehen lassen. Plätze mit dem Rücken zur Wand sind bevorzugt, weil sie Sicherheit ‚nach hinten' geben. Es scheint besser zu sein, mit dem Rücken zum Tageslicht zu sitzen. Dadurch leuchtet das Tageslicht dem Gesprächspartner das Gesicht heller aus und die Mimik (Gesichtszüge) ist besser erkennbar. Die eigene Mimik liegt sozusagen im Schatten und ist nicht so leicht erkennbar beziehungsweise deutbar.

Im Bild ist links ein
Fenster. Der Herr,
der mit dem Rücken
zum Fenster sitzt,
befindet sich in der
besseren Sitzposition.

Im nächsten Bild sitzt
der Kunde am Tisch,
mit dem Rücken zum
Fenster.

Gleichzeitig hat er
Blick zur Eingangstür
und kann sehen, wer
den Raum betritt.

Das gibt ihm eine gewisse Sicherheit. Wenn er in ein
(Warte-)Zimmer gebeten wird und sich einen Platz aus-
suchen darf, sollte er diesen wählen.

An einem runden Tisch ergeben sich vergleichbare Sitzpositionen.

Der Kunde hat sich einen guten Platz ausgesucht. Der Platz rechts neben ihm ist ebenso gut.

Von beiden Plätzen genießt er dieselben Vorteile. Mit direktem Blick zur Tür genießen Sie die strategischen Vorteile.

Die beiden Sitzplätze mit Rücken zur Tür sind nur dann einzunehmen, wenn die ‚besseren‘ Plätze bereits vergeben sind.

Die beiden Stühle, die mit dem Rücken zur Tür zeigen, sind die ungemütlichsten Sitzplätze.

Unfaire Technik 4: Unbequeme Sitzfläche

Kaum haben Sie ein paar Minuten gesessen, merken Sie, dass die Sitzfläche für Sie unangenehm ist. Eventuell ist die Sitzfläche abgenutzt und zu den Knien abfallend verlaufend. Sie haben den Eindruck, dass Sie nach vorne rutschen.

Auf der anderen Seite wird Ihnen ein wunderschön aussehender, gemütlicher Sessel zugewiesen. Sie nehmen Platz und versinken sozusagen im Fauteuil. Ihr Körpergewicht drückt Sie nach hinten unten weg – Ihre Oberschenkel zeigen albern und hilflos nach leicht oben.

‚Kämpfen' Sie sich wieder nach vorn und versuchen, auf der Kante Platz zu nehmen. Gegebenenfalls bitten Sie tatsächlich um ein anderes Sitzelement.

Unfaire Technik 5: Nichts zu Trinken anbieten

Zwei Stunden hat die Anreise gedauert. Ihr Mund ist trocken. Die Zunge klebt an Ihrem Gaumen. Tja – und Ihr Gesprächspartner kommt überhaupt nicht auf die Idee, Ihnen ein Getränk anzubieten.

Wenn Sie merken, dass Ihnen ein Glas Wasser die benötigte Erlösung bringen könnte, bitten Sie ganz einfach darum. Ansonsten negieren Sie einfach das fehlende Angebot. Übrigens steht es Ihnen natürlich auch frei, ein kleines Fläschchen Wasser mit auf die Reise zu nehmen, um vor Betreten des Verhandlungsgebäudes einen Schluck zu sich zu nehmen.

Unfaire Technik 6: Raum überhitzt oder unterkühlt

Ein leerer Verhandlungsraum hat meist eine Temperatur von ca. 19 Grad Celsius. Kommen Menschen in den Raum, erhöht sich die Temperatur aufgrund der körpereigenen Wärmeausstrahlung.

Sitzen Sie zu zweit in einem großen Verhandlungsraum, kann es Ihnen bald zu kühl werden. Bedenken Sie das bei der Wahl der Kleidung.

Contenance wahren

Wurde der Raum absichtlich überhitzt, behalten Sie – soweit möglich – Haltung. Vorsicht: Wenn Sie kalte Getränke zur vermeintlichen Abkühlung zu sich nehmen, verstärkt sich der Effekt des Schwitzens. Greifen Sie lieber auf ein Heißgetränk zurück, so denn eines angeboten wird. Jacketts bleiben angezogen, denn Sie gehören zum Outfit. Sicherlich kann bei Extrem-Situationen (das Wetter betreffend) auch mal die Jacke ausgezogen werden. Hoffentlich zeigen sich dann keine peinlichen Schwitzflecken an üblichen Stellen.

Sollten Sie bei schönem Wetter im Freien sitzen, achten Sie darauf, dass Sie nicht unter direkter Sonneneinstrahlung agieren. Abgesehen davon, dass es ungesund für die Haut sein kann, wird es Ihnen höchstwahrscheinlich sehr schnell ausgesprochen warm. Schauen Sie gleich anfangs, sich so zu positionieren, dass Sie im Schatten agieren.

Unfaire Technik 7: Delegationskreis zu groß

Sie haben sich auf das Verkaufsgespräch sehr gut vorbereitet. Fachlich sowieso, und wie menschlich vorzugehen ist, wissen Sie ebenso. Mit ‚Verkauf‘ ist auch hier der Verkauf eines Produkts, einer Idee oder der eigenen Arbeitskraft gemeint. Nun treffen Sie nicht nur auf einen Gesprächspartner, sondern plötzlich und unerwartet auf eine ganze Delegation. Schlagartig ist die Situation eine andere. Sie haben sich nun nicht mehr nur auf eine Person mit deren Ideen, Wünschen und Erwartungshaltungen einzustellen, sondern auf mehrere – und zwar gleichzeitig.

Mit wem habe ich es zu tun?

Vor allem ist es von Vorteil, wenn Sie wissen, wer in der Delegation vertreten ist. In einem seriösen Geschäftsgebaren stellen sich alle zu Beginn vor (oder werden vorgestellt). Visitenkarten werden ausgetauscht. Sie können die Visitenkarten an ihrem Platz im Halbkreis vor sich legen, um während des Gesprächs immer wieder einen Blick darauf werfen zu können. Wie heißt der Gesprächspartner, für welchen Bereich ist er im Unternehmen zuständig? Was könnten seine Bedürfnisse sein?

Haben Sie eine Verhandlungssituation 1:1, so muss sich auf eine Person eingestellt werden und diese muss überzeugt werden. Treffen Sie hingegen eine Situation von 1:5, so müssen 5 Leute überzeugt werden. Wird später bei deren Austausch nur einer der fünf Bedenken anmelden, kann unter Umständen bereits die Absage erfolgen. Tipps in der Vorgehensweise:

Bleiben Sie ruhig und freundlich. Vermeiden Sie, stressig zu wirken. Schauen Sie Ihrem jeweiligen Gesprächspartner immer in die Augen. Solange Sie allgemeine Informationen geben, nehmen Sie immer wieder zu allen nacheinander Blickkontakt auf, damit sich keiner ‚unberücksichtigt‘ fühlt.

Persönlich bleiben und mit Namen ansprechen

Wenn es irgend möglich ist, sprechen Sie Ihre Gesprächspartner direkt mit Namen an. Passen Sie auf: Es kann sein, dass Gesprächspartner A ‚pro‘ gibt und Sie zustimmen. Ein paar Minuten gibt Gesprächspartner B ‚contra‘ vor. Jetzt die Nerven behalten und ja nicht auf ‚contra‘ umschwenken. Sie würden dann das Gegenteil zu dem behaupten, worauf Sie sich bei Gesprächspartner A bereits festgelegt haben.

Möglicherweise steckt hinter dieser Vorgehensweise auch eine Taktik Ihrer Gesprächspartner, da sie sehen wollen, ob Sie einer eigenen, durchdachten Struktur folgen. Oder ob Sie nur ‚nach dem Munde‘ anderer reden.

Selbstverständlich in solch einer Situation auch freundlich bleiben und die eigene Meinung durch (neue) Argumente stärken.

Unfaire Technik 8: Gesprächspartner ohne Entscheidungsbefugnis

Im Laufe Ihres Verkaufsgesprächs nehmen Sie plötzlich wahr, dass Ihr Gegenüber gar nicht entscheiden darf. Immer wieder hören Sie Aussagen wir: „Da muss ich meinen Vorgesetzten fragen." Oder „Hier muss das Team entscheiden." Oder „Da muss ich einmal Rückfrage halten." Und andere.

Bei Detailfragen kann das selbstverständlich der Fall sein. Bei allgemeinen Dingen allerdings nicht mehr.

Wenn Sie lediglich vor Ort sind, um Allgemeines als Information weiterzugeben, mag das angehen. In einem klassischen Informationsgespräch sind hier keine Entscheidungen zu erwarten.

Im Gegenteil: Es könnte sogar sein, dass Sie zu einem späteren Zeitpunkt noch einmal erscheinen sollen/müssen, um dann den Entscheidungsträgern dasselbe erneut zu erzählen.

Wer ist der Entscheidungsträger?

Sinnvollerweise könnte das direkt geschehen. Überlegen Sie, ob es Ihnen irgendwelche Vorteile bringt, mit dem Nicht-Entscheidungsträger weiter zu verhandeln, egal wie freundlich und zuvorkommend dieser sein mag. Überlegen Sie anzubieten, ob Sie zu einem späteren Zeitpunkt wieder erscheinen sollen, um dann direkt mit dem Entscheidungsträger zu sprechen. Bleiben Sie natürlich auch hier freundlich, denn Ihr aktueller Gesprächspartner kann ja nichts dafür, dass er keine Entscheidungen treffen kann/darf.

Unfaire Technik 9: Später dazukommen

Das Gespräch läuft gut, die Stimmung ist in Ordnung. Aber immer wieder wird darauf hingewiesen, dass Herr Mertens noch dazukommen müsste. Doch Herr Mertens lässt auf sich warten. Sollten Sie sich entscheiden oder drängen lassen, mit Ihrem Verkaufsgespräch zu beginnen, riskieren Sie beim verspäteten Dazukommen von Herrn Mertens, alles Gesagte wiederholen zu müssen.

Sollten Sie mit dem Verkaufsgespräch beginnen müssen, dann gehen Sie kompetent und professionell vor. Stößt Herr Mertens irgendwann dazu, fahren Sie in Ihrer Verkaufspräsentation einfach fort.

Wenn Sie eine sichtbare Struktur Ihrer Präsentation vorlegen beziehungsweise ausgeteilt haben, kann Herr Mertens sehen, wo Sie sich in Ihrer Struktur befinden.

Falls er Sie unterbricht und bittet, auf einen bereits abgehandelten Punkt zurückzukommen, führen Sie Ihren aktuellen Gedanken zu Ende und gehen dann auf die Nachfrage ein. Vermeiden Sie belehrende Hinweise wie „Wie eben schon gesagt …".

Verkaufsargumente verdoppeln

Nutzen Sie hingegen die Möglichkeit, Ihre Verkaufsargumente zu verdoppeln.

Das heißt, dass Sie sehr wohl auf einen Punkt Ihrer Struktur zurückgreifen und diesen wieder erläutern, aber jetzt belegt mit anderen Beispielen oder weiteren Argumenten.

Diejenigen, die das Thema schon mal gehört haben, erhalten nun noch weitere oder tiefergehende Informationen.

Herr Mertens erhält sein komplettes Programm und kommt somit auf den aktuellen Stand des Verkaufsgesprächs.

Unfaire Technik 10: Ständige Unterbrechungen

Kaum haben Sie einen roten Faden gesponnen, werden Sie schon unterbrochen. Und auch in Folge stören immer wieder Unterbrechungen Ihre Präsentation.

Wie ist vorzugehen? Erst einmal: Ruhig bleiben, wie so oft schon an anderer Stelle erwähnt. Sie können nicht wissen, ob Ihr Gegenüber Sie absichtlich in eine Stress-Situation bringen will oder ob er wirklich nicht verstanden hat.

Im schlimmsten Fall werden Sie unorganisiert und können tatsächlich nicht mehr verstanden werden. Diesen Gedanken lassen wir hier aber bewusst einmal aus. Hören Sie Ihrem Gegenüber deutlich zu. Zeigen Sie Interesse an seiner Frage beziehungsweise an seinem Einwurf.

Begegnen Sie freundlich mit einer positiven Rückmeldung, sei es nonverbal durch ein Lächeln und/oder Nicken oder verbal durch „Ja". Das Ja gilt auch dann, wenn Sie anderer Meinung sind.

Positive Rückmeldung

Durch die positive Rückmeldung spürt Ihr Gegenüber keinen Angriff und muss sich demnach auch nicht in eine Verteidigungshaltung bringen. Das Wort Ja steht in diesem Zusammenhang allerdings nicht als Bejahung des Einwands, sondern, nach japanischem Muster für: „Ja, ich habe verstanden, dass du etwas gesagt hast."

Fahren Sie nach dem Einwand einfach weiter fort mit dem, was Sie vorher begonnen hatten. Oder Sie nehmen den Einwurf an, sinngemäß wie: „Ja und deshalb finde ich es besonders wichtig …" und fahren nun mit Ihrem Thema fort. Sollte die Unterbrechung thematisch auf einen ganz anderen Punkt hinweisen, auf etwas bereits Gesagten oder auf etwas, was Sie noch sagen wollen, können Sie die Antwort darauf zeitlich auf ‚nachher‘ verschieben.

Bleiben Sie im Gesprächsablauf sehr aufmerksam und verheddern sich nicht selbst. Machen Sie sich gegebenenfalls eine Notiz, damit Sie im weiteren Gesprächsverlauf darauf zurückgreifen können. Und wenn Sie ankündigen ‚später‘ auf einen Punkt einzugehen, sollten Sie später tatsächlich darauf eingehen.

Manipulierende Statistiken?

Zahlen werden irreführend eingesetzt

Aufgepasst! Bleiben Sie auch hier bei der Wahrheit, verwenden Sie ausschließlich Zahlenmaterial, das Sie mit einer seriösen Quelle belegen können. Im folgenden Kapitel soll gezeigt werden, wie leicht es möglich ist, mit ‚echten' Zahlen eine irreführende Darstellung zu erzeugen. Durchschauen Sie diese Tricks, können Sie sie auch entlarven.

Das Tortendiagramm – aber ohne Sahne

Eine Torte können sich viele gut vorstellen. Deshalb finden Sie diese oft in Präsentationen.

Der entscheidende Unentschiedene

Wird eine Frage gestellt, die mit Ja oder mit Nein beantwortet werden soll und der Befragte entscheidet sich weder für das eine noch für das andere, kann ein deutlicher Unterschied entstehen. Beispiel: JA = 70,2 Prozent; NEIN = 27,9 Prozent. Hier ergibt sich als Summe 98,1 Prozent. 1,9 Prozent haben oder wollten sich nicht entscheiden.

Eine saubere statistische Darstellung berücksichtigt das und vermerkt die 3. Angabe als Differenz in der Darstellung.

Sollten 60,2 Prozent Ja sagen und 17,9 Prozent Nein, bleiben für das Fragezeichen (Weiß nicht) 21,9 Prozent.

Die Anzahl der Unentschiedenen ist deutlich höher als die der Nein-Sager. Das Ergebnis könnte somit eine deutlich andere Aussage sein.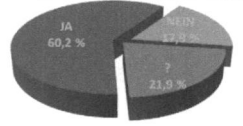

Das Diagramm sieht so aus: Wird im Diagramm die Anzahl der Unentschlossenen weggelassen, ist die Darstellung – freundlich ausgedrückt – als skeptisch zu bezeichnen.

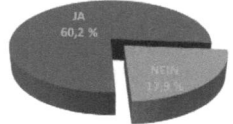

Wie präsentiert sich die Torte optimal?

In einem kleinen Test haben wir vier Diagramme mit je 12 Tortenstücken und drei farbigen Teilen als Torte dargestellt. Nehmen Sie ein Stück Papier und schreiben zu jedem Bild auf, aus wie vielen Stücken die einzelnen Felder A, B und C bestehen, wenn jedes Tortenstück gleich groß ist. Die Summe ist immer 12.

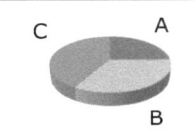 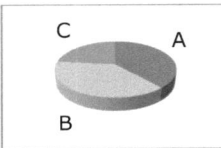

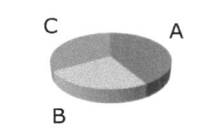 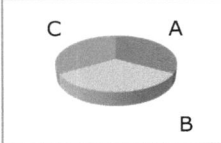

Links oben	A = ? B = ? C = ?	Rechts oben	A = ? B = ? C = ?
Links unten	A = ? B = ? C = ?	Rechts unten	A = ? B = ? C = ?

Die Lösungen

Links oben	Links unten	Rechts oben	Rechts unten
A = 3 B = 4 C = 5	A = 5 B = 3 C = 4	A = 5 B = 5 C = 2	A = 4 B = 4 C = 4

Haben Sie sich mal vertippt? Das wäre sehr wahrscheinlich. Zumindest hat es in Versuchen kaum einer geschafft, bei allen vier Diagrammen die korrekte Zuordnung zu finden. Und weshalb nicht?

Auf die Perspektive kommt es an

Durch die schräg liegende Darstellung verändert sich optisch die Flächengröße.

Das soll die folgende Darstellung der vier Diagramme von oben deutlich machen.

Links die 3D-Darstellung, rechts die zweidimensionale, auf der die Flächen besser zu erkennen sind.

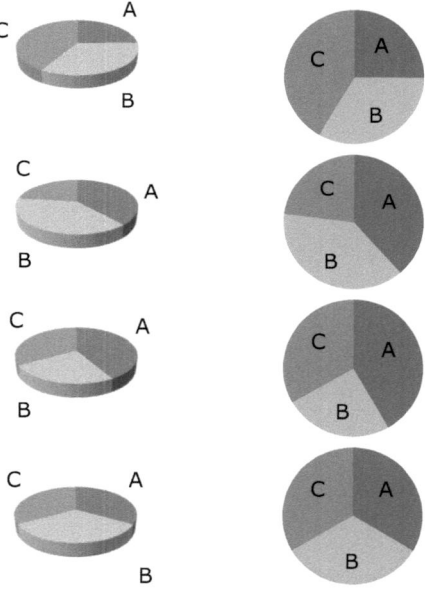

Folgendes Diagramm, hier in
der neutralen ‚Null'-Stellung,
wird in den folgenden Darstellungen auf der Y-Achse um 30
Grad gedreht. Und dann in
10er-Schritten in der Perspek-
tive geändert dargestellt.

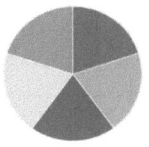

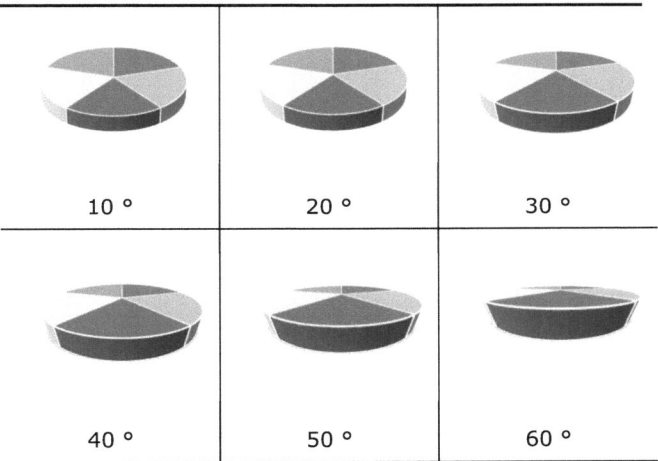

10 °	20 °	30 °
40 °	50 °	60 °

Bei einer 90 Grad Ansicht würden wir das Tortendiagramm
nur noch als schwarzen Balken sehen.

Je nachdem, welches der Felder flächenmäßig am undeut-
lichsten erkannt werden soll, wird in der Darstellung nach
hinten verschoben.

Alle Darstellungen haben dieselben Daten als Grundlage.
Durch die trickreiche Darstellung scheinen sich die Dimension und damit die Wertigkeit eines jeden Feldes zu verändern.

Nimm noch ein Stück!

Genial ist auch die Darstellung des Tortendiagramms, wenn eines oder mehrere Felder leicht nach außen gezogen werden.

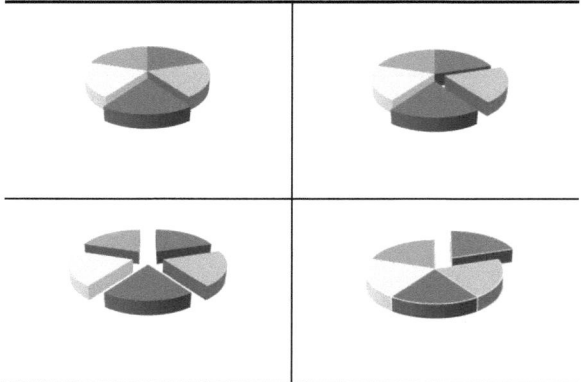

Und jetzt lassen wir das erste Diagramm, leicht nach vorn gekippt, gegen den Uhrzeigersinn jeweils um 30 Grad auf der X-Achse drehen. Beachten Sie dabei, wie sich das ausgeschnittene Feld für unser Auge in seiner Größe zu verändern scheint.

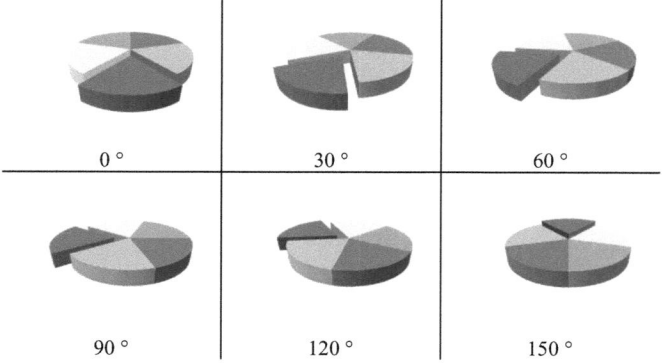

Lügt sie wirklich – die Statistik?

Soll das bedeuten, dass Statistiken grundsätzlich gefälscht sind? Wollen wir uns lieber darauf einigen, dass statistische Angaben auf verschiedene Weise gelesen werden können. Die Angaben können auf bestimmte Art verknüpft werden, sodass das Ergebnis unterschiedlich ausfallen kann.

Manipulation oder gesteuerte Darstellung des Ergebnisses

In der Regel wird eine statistische Zahl nicht angezweifelt. Wenn Sie als Moderator sagen, der Preisindex für die Lebenshaltung (Basis 1995 = 100) bei den alkoholischen Getränken und Tabakwaren liegt im Jahr 2000 in allen deutschen Haushalten bei 107,5 (Quelle: Statistisches Bundesamt vom 31.05.2001), dann wird der Gesprächsteilnehmer diese Zahl im Allgemeinen auch akzeptieren. Der Zahl wird geglaubt! Der Gesprächsteilnehmer wird nicht annehmen, dass die Zahl statt 107,5 etwa 108,5 oder 106,5 lauten müsste.

Als Moderator können Sie sich den Glauben an die Zahl zunutze machen. Nämlich:

- die Zahl wird genannt
- der Zahl wird geglaubt
- Ihrer Aussage wird nun auch geglaubt (weil die Zahl ja als ‚Wahrheit' definiert wurde)

Die Quelle der statistischen Angabe <u>kann</u>, muss aber nicht genannt werden. Steht als Quelle zum Beispiel ein seriöses Nachrichtenmagazin, so verstärkt sich der gewünschte Effekt erheblich. Daraus folgt: um eine Aussage zu stützen (oder gar zu unterstreichen), wird eine statistische Angabe eingefügt.

Dabei beachten:

- eine, zwei, maximal drei statistische Zahlen zur selben Angabe
- bei Zahlen mit vielen Ziffern (wenn möglich auf- beziehungsweise abrunden)
  - o statt 3.724.624 lieber ca. 3,7 Millionen
  - o statt 0,8769 lieber ca. 0,88
- das Wort ‚Statistik' oder ‚Umfrage' hinzufügen
  - o „laut Statistik …" oder „statistisch gesehen …"

- Quellenangabe bei ‚seriöser' Quelle
- Angabe kann amüsant auf die Zuhörer wirken
  - „X % der Deutschen schlafen nackt."

Auswertung der gesammelten Daten

In der Statistik werden folgende Begriffe verwendet:

- Mittelwert
  - Der Mittelwert ist die Summe aller Werte, geteilt durch die Anzahl der Einzelwerte (der Befragten).
- Median
  - Der Median halbiert die Messreihe nach der Anzahl der Einzelwerte (der Befragten) halbe-halbe (50 % zu 50 %).
- Modus
  - Modus ist der Nennwert, der am häufigsten vorkommt.

Beispiel:

Frage: „Welche Note (deutsches Schulsystem) geben Sie der TV-Sendung ABC?"

Note	1	2	3	4	5	6	Summe
Anzahl	5	4	7	19	20	5	60
	5*1	4*2	7*3	19*4	20*5	5*6	
Wert	5	8	21	76	100	30	240

n = Anzahl der Befragten (Einzel-Werte), die diese Note angaben.

Aus dieser Tabelle ergibt sich für den:

- Mittelwert
  - 240 geteilt durch 60 gleich 4,0
- Median
  - Gleich viele Einzel-Werte liegen rechts und links der Mitte. Hier ergibt sich 4,5
- Modus
  - Die meist genannte Wertung ist gleich 5,0

Sie sehen, dass je nach Begriff, eine Zahl zwischen 4,0 und 5,0 entsteht. Wie mit den Ergebnissen manipuliert werden kann, wird im folgenden Kapitel gezeigt.

Trickreiche Darstellung der Werte

In den folgenden Beispielen wird von bewusster Irreführung ausgegangen. Ob Sie es möchten, so zu manipulieren, ist natürlich Ihre Entscheidung. Viel wichtiger ist, dass Sie erkennen können, wenn Sie selbst von Gesprächspartnern manipuliert werden, damit Sie entsprechend reagieren können.

Hier wird auf die Zahlen von oben zugegriffen.

Ergebnis	Aussage
1	„Statistisch gesehen ergibt sich eine Durchschnittszahl von 4,0 für die bewertete Sendung."
2a	„Die meisten Wertungen fielen auf die Note 5,0."
2b	„Die meisten Befragten (35 von 60) bewerteten die Sendung mit einer guten Note (zwischen 1 und 4)."
3a	„Die Hälfte der Befragten gibt der Sendung eine Note zwischen 1 und 4,5."
3b	„Die Hälfte der Befragten gibt der Sendung eine Note zwischen 4,5 und 6."
4a	„Immerhin 26,6 % (16 von 60) der Befragten gibt der bewerteten Sendung die Note 1 bis 3."
4b	„Nur etwa 1/4 (16 von 60) der Befragten gibt der bewerteten Sendung die Note 1 bis 3."
5a	„41,6 % (25 von 60) der Befragten bewertet die Sendung mit der Note 5 oder 6."
5b	„Fast die Hälfte der Befragten (25 von 60) bewertet die Sendung mit der Note 5 oder 6."
6a	„Nur 5 Personen gaben der bewerteten Sendung die Note 6."
6b	„Immerhin fast 10 % (8,33 %) gaben der bewerteten Sendung die sehr gute Note 1."
6c	„Immerhin gab jeder 12te der bewerteten Sendung die sehr gute Note 1."

Nicht zu vergessen: Es wurden immer dieselben Ergebnisse benutzt.

Tipps fürs Training: Suchen Sie sich eine x-beliebige statistische Angabe. Verwenden Sie diese Zahl zum einen verstärkend und zum anderen negativ für Ihr vorher festgelegtes Thema.

Geschickte Darstellung der Ergebnisse?

Folgendes Ergebnis ergab sich bei einer (fiktiven) Umfrage:

Dafür	15 %	Egal	55 %	Dagegen	30 %

Wie lässt sich das Ergebnis (ohne zu lügen) darstellen?

- „Nur 15 % sind dafür."
- „70 % sind nicht dagegen."
- „30 % sind dagegen."
- „85 % sind nicht dafür."
- „Doppelt so viele sind dagegen wie dafür."

Kleinwagenproduzent versus SUV

Noch ein zweites, fiktives Beispiel. 57 Prozent der Befragten wurden schon mal von einem SUV im Straßenverkehr bedrängt. Die Folgerung: SUV-Fahrer fahren aggressiv. Tatsächlich wurde so geantwortet.

Sie wurden schon mal bedrängt von ...					
... SUV	57 %	... Klein-wagen	62 %	... LKW	64 %

Durch die möglichen Doppelbenennungen ergibt sich bei der Addition eine Summe, die höher ist als die zu erwartende Zahl von 100 (Prozent). Und damit stimmt die behauptete Zahl von 57 Prozent. Würden die angegebenen drei Zahlen 57, 62, 64 über den mathematischen Dreisatz in eine echte Relation gesetzt, ergäbe sich folgendes Bild:

	angegeben	In Prozent
... SUV	57	31,15
... Kleinwagen	62	33,88
... LKW	64	34,97
Summe	183	100

Die Folgerung dieser erfundenen Darstellung: SUV-Fahrer fahren defensiv.

Guter und schlechter Film

Folgendes Ergebnis ergab sich bei einer (fiktiven) Umfrage: „Wie gefiel Ihnen der Film?"

Offensichtlich fand die Mehrheit der Befragten den Film gut. Ergebnis: Deutlich mehr gut als schlecht.		
gut	65 %
schlecht	35 %

Schauen wir, wie eventuell anders gewertet worden wäre, hätte es drei statt zwei Alternativen gegeben. Ergebnis: Gleich viel gut wie schlecht.		
sehr gut	30 %
gut	35 %
schlecht	35 %

Oder bei sechs Antwortmöglichkeiten: Ergebnis. Mehr schlecht als gut.		
sehr gut	30 %
gut	20 %
eher gut	15 %
Eher schlecht	5 %
schlecht	25 %
sehr schlecht	5 %

Das bedeutet: Je nachdem, wie die Daten erfasst werden sollen (nur zwei oder sechs Möglichkeiten zur Wahl), kann es zu deutlichen (sogar gegensätzlichen) Ergebnissen kommen.

Je nachdem, in welche Richtung Sie irritieren wollen, können Sie die Felder mit den möglichen Optionen ändern. Offensichtlich so weit, um genau das Gegenteil auszusagen, was ursprünglich korrekt war.

Um klarzustellen: Sie sollen hier nicht dazu gebracht werden zu manipulieren – aber Sie sollten erkennen können, wo oder wie Ihnen Manipulationen untergeschoben werden könnten, sodass Sie darauf reagieren können.

Übrigens:

„Betten sind gefährlicher als Flugzeuge: in Deutschland sterben jedes Jahr etwa 200 Menschen, weil sie aus dem Bett fallen." (Quelle TOP HOTEL 9/2015).

Wie viele Menschen fallen wohl aus einem Flugzeug?

Positive wie negative Darstellung

Unabhängig davon lässt sich jede statistische Zahl sowohl positiv wie auch negativ einsetzen. (Fiktives) Beispiel:

- Zehn Prozent der Kölner bevorzugen Vorschlag A.

Auslegung und Darstellung:

- „Nur 10 % der Kölner bevorzugen Vorschlag A. Das ist deutlich die Minderheit der Kölner."

- „Immerhin 100.000 Kölner bevorzugen Vorschlag A. Stellen Sie sich diese ungeheure Menschenmenge auf der Straße vor."

Die wundersame Vermehrung in der 3. Dimension – eine echte Schweinerei

Der Durchschnittseuropäer verspeiste im Jahre X 100 Schweineschnitzel. Im Jahre Y verspeiste er doppelt so viel, nämlich 200 Schnitzel. Es ergibt sich folgende bildliche Darstellung:

Jahr X   Jahr Y

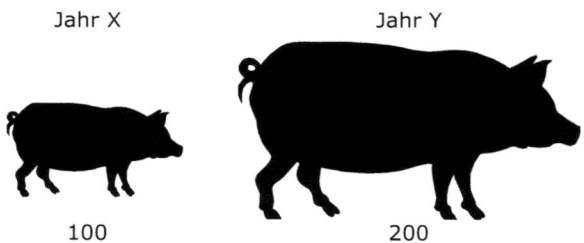

100   200

Richtig? Nein – falsch. Und weshalb? Weil das zweite Tier nicht in der richtigen Relation dargestellt wurde.

Das rechte Schwein ist nicht zwei Mal so groß wie das erste, sondern vier Mal. Denn es wird in die Breite und in die Höhe verdoppelt. 2 mal 2 ist nicht 2 hoch 2.

Verdeutlichen wir es mit Vierecken.

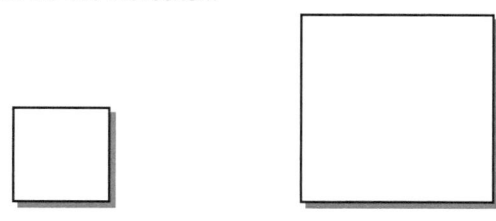

Doppelt sieht aber so aus:

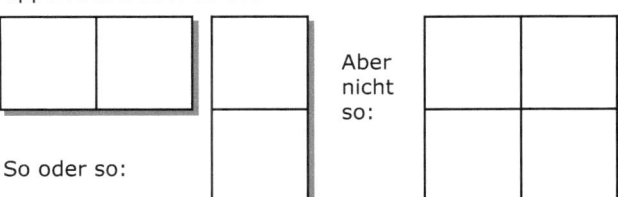

So oder so:

Aber
nicht
so:

Die Darstellung des Schweins ist in dieser Größe korrekt:

In Wirklichkeit sind die Zahlen eher selten genau 100 und 200, sondern möglicherweise 97 und 213, so dass die Manipulation noch schwieriger zu erkennen ist.

Beim dreidimensionalen Muster kommt die dritte Dimension hinzu, so dass sich eine Größe nicht nur vervierfacht, sondern gleich potenziert, nämlich 8-fach.

Immer schön der Linie nach – Liniendiagramme

„Das können Sie ganz deutlich hier an dieser Grafik erkennen, die ich Ihnen, sehr verehrte Damen und Herren, vorbereitet habe. Bitte schauen Sie hier. Beeindruckend, nicht?" Mit diesen Worten deutet der Sprecher auf die Grafik, ein bewunderndes Raunen geht durch die Zuhörerschaft.

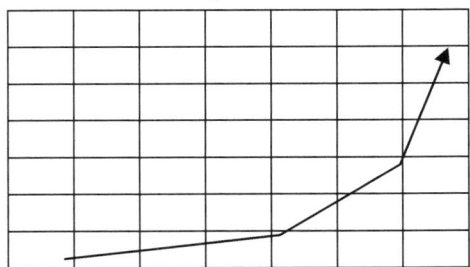

Sieht ja auch beeindruckend aus, diese Grafik.

Allerdings sind keine Koordinaten-Beschriftungen
zu erkennen. Wenn die Y-Achse nach unten ge-
drückt wird, ergibt
sich schon dieses
Bild:

Oder gar so:

Nicht mehr so beeindruckend? Dann ziehen wir die Abstände
auf der X-Achse noch weiter auseinander und erhalten dieses Bild:

Die Pfeilspitze signalisiert deutlich
‚es geht weiter bergauf'

Und diese Grafik erfreut höchstens
noch dann, wenn dargestellt wird,
wie wenig die Kosten in den letzten
drei Jahren gestiegen sind …

Und für unsere Aktionäre greifen wir
auf die ursprüngliche Darstellung
mit leicht zusammengezogener X-
Achse zurück.

Überzeugt?

Kugel und Rund – es rollt reibungslos!

So zeigt uns das erfundene Unternehmen seinen Umsatz. Links ein Ausschnitt aus dem kompletten Diagramm. Sieht sehr erfolgreich aus, der geschaffte Umsatz. In der Mitte wird noch eine Prognose dazugegeben. Ob sie hält, was sie verspricht? Rechts ohne Daten- beziehungsweise Markierungspunkte, dafür mit einer Pfeilspitze am Ende der Linie. Diese zeigt an, dass es weiterhin nach oben gehen wird.

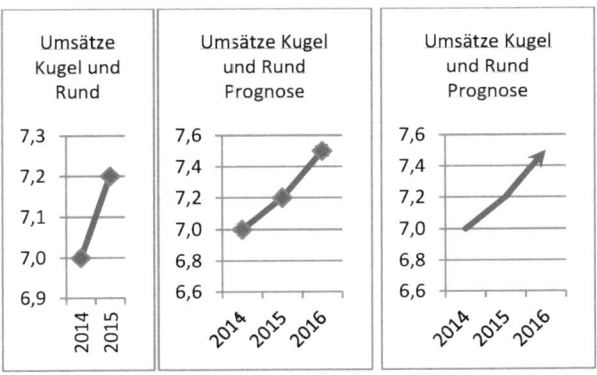

In einem Balkendiagramm könnte das so aussehen:

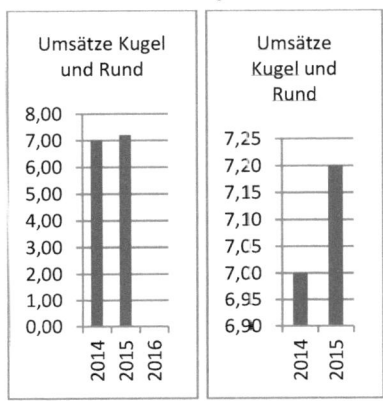

Links erscheint die Steigerung kaum wahrnehmbar. Deshalb werden rechts die Umsatzangaben 0 bis 6 auf der Y-Achse einfach weggelassen. Dann zeigt sich eine erhebliche Steigerung.

Offensichtlich rentiert es sich, in dieses Unternehmen zu investieren. Schauen wir sicherheitshalber auf die Vorjahre.

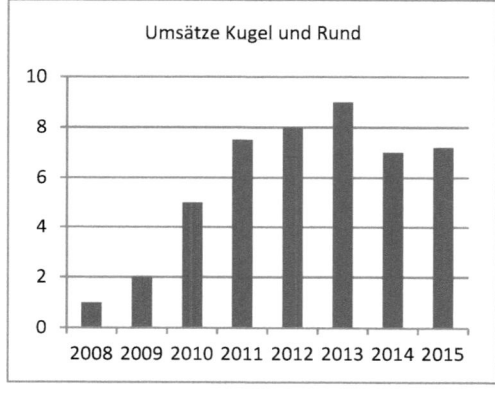

Tatsächlich ist eine Steigerung seit 2008 erkennbar. Aber auch ein deutlicher Rückgang zwischen 2013 und 2014. Das war auf den vorigen Darstellungen nicht zu sehen.

Und bei der letzten Darstellung wollen wir mal ganz fies sein. Vielleicht war die Entwicklung in den vergangenen Jahren auch ganz anders. Zum Beispiel so, wie unten angegeben. Würden Sie hier immer noch investieren wollen?

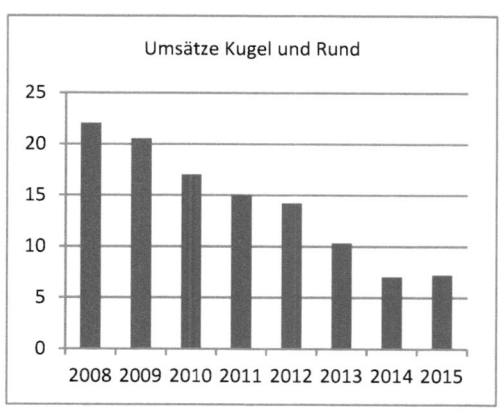

Liebe Leserin, lieber Leser, erkennen Sie die phänomenalen Möglichkeiten, mithilfe solcher Darstellungen ein absolut anderes, teilweise gegenteiliges Ergebnis zeigen zu können?

Wenn das mal keine Manipulation ist …

Von Diagrammen mit Säulen und auf dem Kopf stehenden Pyramiden

Das Diagramm

„Sind Sie der Meinung, dass …"

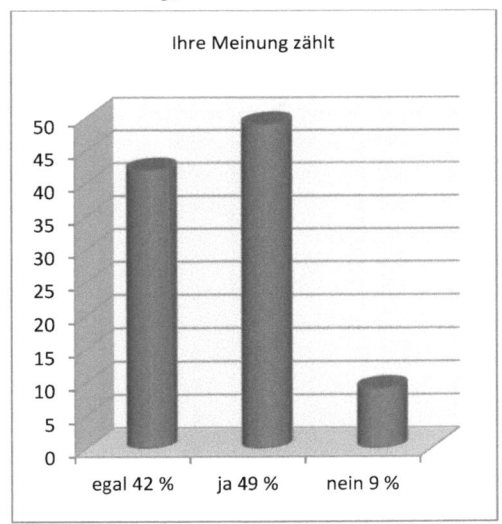

Wie lesen Sie das oben abgebildete Diagramm?

- Die Mehrheit der Befragten ist dafür (49 %)
- Die Mehrheit der Befragten ist dagegen oder es ist ihnen egal (51 %)
- Nur 9 % haben mit ‚nein' abgestimmt

Wirkt Ihnen das Beispiel zu extrem? Können Sie sich vorstellen, dass Sie nur beim Lesen der beiden Aussagen „Die Mehrheit …" jeweils zu einem ganz anderen Bild kommen, wenn Sie keine weiteren Einzelheiten kennen. Und nicht vergessen: Die beiden Aussagen stimmen ja, auch wenn Sie mehr oder weniger ein Gegenteil ausdrücken.

Die Pyramide verkleinert Zahlen

Grau erzielt 60 Prozent, Hellgrau die Hälfte davon, und schwarz kommt auf 10 Prozent. In der linken Abbildung haben die schwarzen 10 Prozent eine relativ starke Darstellung, weil sie die Basis der Pyramide bilden. Werden die drei Zahlenangaben anders herum aufeinandergesetzt, ist der Teil der schwarzen 10 Prozent verschwindend gering in der Abbildung.

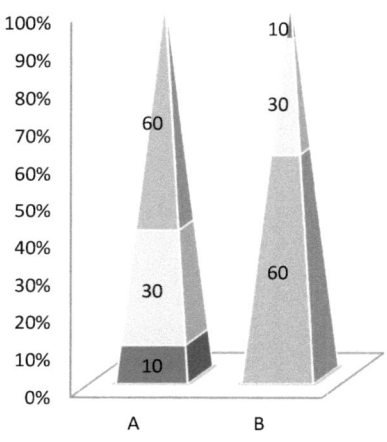

Wollen Sie demnach das schwarze 10-Prozent-Feld deutlicher darstellen, wählen Sie die rechte Säule.

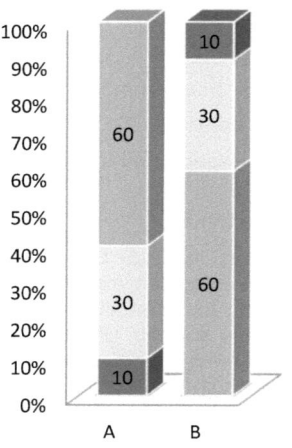

Mit Zahlen spielen

Alle sind die besten

Bundes-land	Fläche in km²	Bevölke-rung ca.	Haupt-stadt	Bewohner ca.	Einwoh-ner je km²
Baden-Württem-berg	35.751	11.023.000	Stuttgart	632.743	304
Bayern	70.550	12.997.000	München	1.456.039	182
Berlin	891	3.613.000	Berlin	3.613.495	3.950
Bremen	419	681.000	Bremen	568.006	1.424
Mecklen-burg-Vor-pommern	23.213	1.611.000	Schwerin	95.797	69
Nord-rhein-Westfa-len	34.112	17.912.000	Düssel-dorf	617.280	524
Sachsen	18.449	4.081.000	Dresden	551.072	221

- Nordrhein-Westfalen ist das Bundesland mit der höchsten Bevölkerungszahl.

- Bayern ist das Bundesland mit der größten km²-Zahl in Deutschland.

- Berlin ist das Bundesland mit der größten Bevölkerungsdichte.

- Mecklenburg-Vorpommern ist das Bundesland mit den wenigsten Einwohnern pro km².

(Alle Angaben beziehen sich auf Deutschland am 31.12.2017)

Übrigens:

- 90 % aller Patienten überleben (Hört sich besser an als)

- 10 % aller Patienten sterben

- oder: 10 % aller Patienten im Krankenhaus sterben (also: gehe nicht ins Krankenhaus)

Nochmal Übrigens:

- Das bisher schlimmste Unwetter

- der heißeste 1. Februar seit 53 Jahren (was war am 2. Februar?)

Nichts wie raus aus dem Krankenhaus

Jährlich sollen in Deutschland allein durch Behandlungsfehler in Krankenhäusern 18.800 Patienten ebendort versterben. Diese Angabe stand in der Zeit online am 21.01.2014. Laut Statista.de sind im Jahr 2012 404.800 Menschen im Krankenhaus gestorben. Laut Statistischem Bundesamt (Seitenaufruf am 07.01.2015) sind im Jahr 2013 893.825 Menschen verstorben (2017 932.272).

Das heißt

1. 893.825 sind in einem Jahr gestorben (2013).

2. Davon 404.800 im Krankenhaus (2012).

3. Und davon ca. 18.800 durch Behandlungsfehler.

Wenn wir 893.825 mit 100 Prozent gleichsetzen, haben 45,29 Prozent im Krankenhaus ihr Leben gelassen. Etwas weniger als jeder Zweite. Das heißt, dass die Chance, im Krankenhaus oder außerhalb zu sterben, fast gleich ist. Allerdings sterben dort 18.800 durch Behandlungsfehler. Das macht immerhin 4,64 Prozent aus, die nicht hätten sterben müssen (zumindest nicht aufgrund des Fehlers und nicht zwangsläufig im Krankenhaus). Jeder 21ste stirbt aufgrund von Behandlungsfehlern! Na, das ist eine hohe Zahl, erschreckend hoch, oder? Genau betrachtet erscheint die Zahl der Menschen, die im Krankenhaus versterben allerdings auch sehr hoch. Fast jeder Zweite! Wäre es da nicht besser, den Arzt nach Hause kommen zu lassen?

Tatsächlich, allerdings sind die Zahlen bei den gefundenen Quellen leicht unterschiedlich, kann nur etwa jeder 5te, zuhause sterben, also 20 Prozent. Andere sterben in Pflegeheimen oder Hospizen. Und natürlich noch an allen anderen möglichen Orten. Statista/Wikipedia geben für Verkehrstote in Deutschland für 2017 3.177, (2016 3.214, 2012 3.600) an.

Würden wir nun die 20 Prozent der zu Hause Sterbenden mit den über 40 Prozent in Krankenhäusern Versterbenden vergleichen, kämen wir zu dem Ergebnis, dass im Krankenhaus doppelt so viele Menschen sterben wie daheim. Nun sollte sich doch jeder überlegen, ob er wirklich ins Krankenhaus gehen will.

Unabhängig der Zahlen, die teilweise Trauriges ausdrücken, ist zu sehen, dass die gerechneten Angaben immer unterschiedlich sein können, je nachdem, welcher Bezugsquelle sie entnommen werden.

Übrigens: Es sterben weitaus mehr Menschen durch Suizid als aufgrund von Verkehrsunfällen, und zwar doppelt so viele. Tendenz steigend.

Hurra, gerettet!

Geben wir hierzu noch ein fiktives Beispiel.

Von 1.000 Menschen sind 5 erkrankt. Von diesen werden 4 gerettet. Sind das nun 80 Prozent, die gerettet wurden, oder sind es 0,4 Prozent, da von 1.000 Menschen ausgegangen werden muss?

Der Durchschnittsmensch – Wer hat ihn schon einmal gesehen?

Ein Millionär und ein armer Schlucker ergeben im Schnitt für jeden eine halbe Million. Das klingt doch ganz gut.

Aber, wer will schon gerne ein Durchschnittsmensch sein?

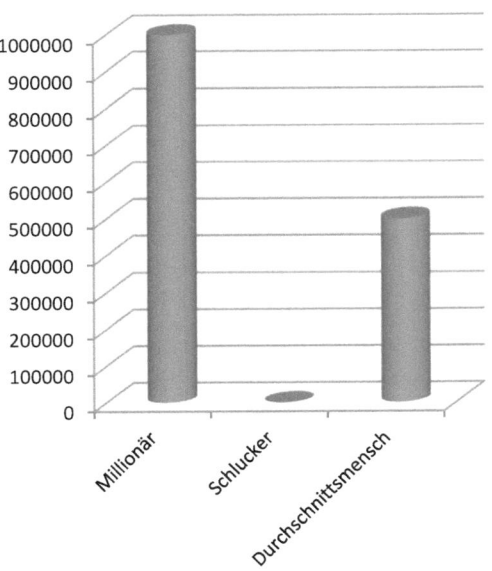

Kaffeemonster

Jeder Mensch trinkt 1.184 Tassen Kaffee im Jahr (Die Welt 22.10.2010). Wo gibt es diesen Durchschnittsmenschen? Wer trinkt genau 3,24 Tassen Kaffee täglich?

Bleiben wir bei Statista. 584.560 Tonnen Rohkaffee wurden pro Kopf in Deutschland 2013 verzehrt. Bei einer Einwohnerzahl von 80,8 Millionen Menschen in Deutschland macht das pro Kopf, Moment … Das würde bedeuten, dass jeder 138,22 Tonnen pro Jahr konsumiert? 1 Tonne entspricht immerhin 1.000 Kilogramm.

Nein, da kann etwas nicht stimmen. 6 bis 8 Gramm werden pro Tasse Kaffee gerechnet. 138,22 Tonnen gleich 138220 Kilo gleich 138220000 Gramm. Geteilt durch großzügige 8 Gramm pro Tasse ergeben 172.775.000 Tassen im Jahr.

Das sind immerhin noch 473.356 pro Tag und das pro Kopf. Na vielleicht wird Rohkaffee ja auch zu anderen Dingen als nur zu Kaffee verarbeitet, sei es in Pralinen, Schokolade, Kuchen und anderen Köstlichkeiten.

Säuglinge und Kaffee

Die Quelle Deutscher Kaffeeverband gibt 165 Liter Kaffeeverbrauch pro Tag an (in Deutschland 2013). Wenn wir für eine Tasse Kaffee 125 ml annehmen, ergibt 1 Liter 8 Tassen. Also: 165 mal 8 gleich 1.320 Tassen Kaffee im Jahr. Das sind pro Tag etwa 3,62 Tassen. Kann hinkommen.

Allerdings geben 10,34 Prozent an, nie Kaffee zu trinken (Statista). Kommen wir auf 4 Tassen pro Tag. Auch gut.

Ca. 10 Millionen Kinder bis 14 Jahre werden sicherlich weniger als 4 Tassen Kaffee pro Tag trinken. Genaugenommen kann ich mich nicht erinnern, jemals ein Kleinkind mit einer Tasse Kaffee in der Hand gesehen zu haben.

Und einige der ganz, ganz alten Menschen halten sich vielleicht auch zurück. Dann sind wir schon bei 4,5 Tassen pro Kopf. Und so weiter, und so weiter.

Bitte vergessen Sie nicht, dass soundso viel Kaffee zwar zubereitet wird, aber nicht ganz getrunken wieder weggeschüttet wird. Oder umgeschüttet wird.

In die Trickkiste greifen, aber nicht hineinfallen

Liebe Leserin, lieber Leser, Sie haben sich erfolgreich durch den dritten Teil des Handbuchs gearbeitet.

In diesem Kapitel wurden drei große Themenbereiche angesprochen.

Erstens, wie durch den aktiven Einsatz der Körpersprache die Gesprächsführung übernommen werden kann.

Zweitens, wie auf unfaire Tricks rund um ein Gespräch reagiert werden kann. Und schließlich drittens der große Bereich der Statistik.

Am besten beleuchten Sie in Zukunft eine Zahl von allen Seiten, bevor Sie ihr glauben.

Vielleicht wird jetzt erst bewusst, wie manipulativ in Gesprächen und Verhandlungen vorgegangen werden kann – und vorgegangen wird.

Wie in vielen anderen Lebenssituationen auch, hat der Trainierte immer wieder einen Vorteil. Einmal deswegen, weil er ‚weiß‘ und weiter deswegen, weil er die Tricks entlarven kann.

Schauen Sie in die Tageszeitung oder ein Wochenmagazin, blättern Sie in Firmenbroschüren oder schauen Sie nur bei den vermeintlich verführerischen Angeboten, die sich der statistischen Möglichkeiten bedienen.

Ziehen Sie Ihre Vorteile aus dem Wissen der riesengroßen Trickkiste! Lassen Sie sich aber nicht austricksen!

Ausleitung

„Kriegen Sie die anderen?"

Liebe Leserin, lieber Leser, Sie sind eingetaucht in den gigantischen Bereich der rhetorischen Manipulation.

Ihnen wurden Tricks gezeigt, wie fair und unfair in allen möglichen Varianten der zwischenmenschlichen Kommunikation ‚gespielt' wird.

Da wir – selbstverständlich – das Gute unterstellen wollen, ist es ausschlaggebend die Tricks zu kennen, um vorbereitet allen Fallen geschickt und professionell entgehen zu können.

Bleiben Sie sich gegenüber loyal, bleibt Ihnen jederzeit der Weg der gewaltfreien Kommunikation.

Möglicherweise ist dieser Weg etwas aufwendiger zu begehen, als mit böswilligen Tricks zu arbeiten.

Wenn Sie ‚sauber' in Ihrer Vorgehensweise bleiben, genießen Sie laut Volksmund einen angenehmen und ausruhenden Schlaf. „Ein ruhiges Gewissen ist ein sanftes Ruhekissen."

In diesem Sinne wünsche ich Ihnen guten Erfolg mit Ihrem Wissen und Ihren Fähigkeiten.

Alles Beste bis zu einem möglichen ‚Wiederlesen' in einem anderen Ratgeber unserer Reihe „Das kleine Rhetorik-Handbuch [2100]".

Horst Hanisch

Stichwortverzeichnis

Z

Knigge als Synonym

Umgang mit Menschen

Suche weniger selbst zu glänzen, als andern Gelegenheit zu geben, sich von vorteilhaften Seiten zu zeigen, wenn Du gelobt werden und gefallen willst.

Adolph Freiherr Knigge, aus dem Buch „Über den Umgang mit Menschen",
1788
(1752 - 1796)

Schon zu seinen Lebzeiten war Adolph Freiherr Knigge (1752 – 1796) umstritten. Knigge setzte sich durch sein energisches Eintreten für die Ziele der Aufklärung, so wie er sie verstand, scharfen Angriffen aus. Er arbeitete als Romanschriftsteller und Satiriker sowie als politischer Schriftsteller. Er gehörte den Freimaurern an. Heute ist Knigge vor allem seines Buches wegen ‚Über den Umgang mit Menschen' (1788) bekannt. Und zwar deswegen, weil sein Werk als Etikette-Buch angesehen wird.

Das große Missverständnis

Knigge verdankt seinen heutigen Ruf und Erfolg aber einem Missverständnis. Denn: Das Werk Adolph Freiherr Knigges gilt als Etikette-Buch ersten Rangs. Allerdings beschreibt Knigge keine Regeln wie mit Besteck umzugehen ist oder das Verhalten bei Tisch, stattdessen offenbart er eine praktische Lebensphilosophie im Umgang mit Mitmenschen. Er gibt Anleitungen und Anregungen, wie mit seinen Mitmenschen richtig umzugehen ist. Knigge hoffte damit, dass die Menschen glücklich und froh miteinander leben könnten. Sein Buch erschien 1788 und war schon kurze Zeit in fast allen Haushalten zu finden. Auch über 200 Jahre nach Erscheinen prägt sich sein Buch im Bewusstsein der Leser als praktisches Handbuch über gutes Benehmen ein.

Über den Umgang mit Menschen

In drei Teilen seines Buches hat Knigge über den Umgang mit verschiedenen Menschengruppen geschrieben, zum Beispiel:

- Über den Umgang mit Leuten von verschiedenen Gemütsarten, Temperamenten und Stimmungen des Geistes und des Herzens (Erster Teil, 3. Kapitel)
- Über den Umgang mit Frauenzimmern (Zweiter Teil, 5. Kapitel)

- Über die Verhältnisse zwischen Herrn und Dienern (Zweiter Teil, 7. Kapitel)
- Über das Verhältnis zwischen Wohltätern und denen, welche Wohltaten empfangen; wie auch unter Lehrern und Schülern, Gläubigern und Schuldnern (Zweiter Teil, 10. Kapitel)
- Über den Umgang mit den Großen der Erde, mit Fürsten, Vornehmen und Reichen (Dritter Teil, 1. Kapitel)

Knigge heute als Synonym für Umgangsformen

Obwohl es heute klar ist, dass Knigge anderes verfolgte, als wir unter seinem Namen verstehen, soll ‚Knigge' als Synonym für den Bereich stehen, dem sich das vorliegende Handbuch widmet.

Wir behandeln das Thema Kommunikation in seinen Details. Ist das nichts anderes als der Umgang mit Menschen?

Gerade davon ausgehend, dass die zwischenmenschliche Kommunikation einen immensen Einfluss auf das Wohl und Gedeih eines Einzelnen nimmt, passt dieser Ratgeber gedanklich zu den Ideen des Freiherrn Knigge.

12 Ratgeber in der kleinen Knigge-Reihe

Der kleine ... -Knigge [2100] (Je € 9,70; 88 Seiten, 12x19 cm, kartoniert)

Anstands- und Banausen-...	Interkulturelle- und Auslands-...
Business- und Kunden-...	Bewerbungs- und Vorstellungs-...
Büro- und Kollegen-...	Event- und Feste-...
Gäste- und Gastgeber-...	Gastro- und Tischsitten-...
Gesellschafts- und Freunde-...	Speisen- und Exoten-...
Outfit- und Stil-...	Trinkkultur- und Getränke-...

12 x kleines Handbuch der Rhetorik 2100

Der kleine Handbuch der Rhetorik [2100] (Je € 9,70; 100 Seiten, 12x19 cm)

Erfolgreich reden	Wahrnehmung verzerren
Körpersprache einsetzen	Einwände entkräften
Gezielt trainieren	Gespräche führen
Nervosität austricksen	Meetings leiten
Begeistert überzeugen	Geschicktes Nudging
Unterschwellig manipulieren	Interviews führen

4 Ratgeber in der Ego-Management-Reihe

Jeder Ratgeber € 14,90,
104 Seiten, A5
**Persönlichkeits-Ma-
nagement – Ego-
Knigge** ²¹⁰⁰ Soft Skills,
Selbst-Reflexion und
Selbst-Bewusstsein

Stress-Management – Ego-Knigge ²¹⁰⁰ Lampenfieber, Stressoren, Ge-
rüchte, Mobbing, Burnout, Stressvermeidung
Zeit-Management– Ego-Knigge ²¹⁰⁰ Umgang mit der Zeit, Organisa-
tion von Arbeitsabläufen, Perfektionismus, Zielsetzung
Gedächtnis-Management – Ego-Knigge ²¹⁰⁰ Gehirn, Intelligenz,
Schwachsinn – Hochbegabung, Gedächtnis, Lerntechniken

4 Ratgeber in der Reihe Lebenseinstellung

Jeder Ratgeber € 12,95,
160 Seiten, A5
Aberglaube-Knigge ²¹⁰⁰
Von schwarzen Katzen,
der linken Hand des Teu-
fels und den Glücksbrin-
gern

Lügen- und Egoismus-Knigge ²¹⁰⁰ Überleben durch Flunkern, Schum-
meln und Täuschen! Macht, Respekt, Wertschätzung? Lebenslüge und
Lebensschutz
Glücks-Knigge ²¹⁰⁰ Vom Glücklichsein, positiven Denken und von
Freundschaften
Angst- und Optimismus-Knigge ²¹⁰⁰ Die Furcht beherrschen, Ängste
nutzen und positiv durchs Leben gehen

3 Ratgeber Bräutigam, Braut, Brautpaar

Bräutigam-Knigge ²¹⁰⁰ Verlobung
und Polterabend, Schwiegereltern
und das Ja-Wort, Hochzeits-Outfit
und Hochzeits-Kutsche
Braut-Knigge ²¹⁰⁰ Brautkleid und
Accessoires, Das große Hochzeits-
fest, Höhepunkte und Hochzeitstanz

Brautpaar-Knigge ²¹⁰⁰ Historisches und Sonderbares, Planung und Or-
ganisation, Aberglaube und Hochzeitsbräuche
Jeder Ratgeber € 15,90, 104 Seiten, A5, kartoniert

2 Ratgeber Selbst-Coaching

Jeder Ratgeber € 12,95, 120 Seiten, A5
Selbstbewusstsein Knigge ²¹⁰⁰ Ich bin, ich
kann, ich will. Das eigene Leben bestimmen, Soft
Skills, The Winner 1
Selbstwertgefühl Knigge ²¹⁰⁰ Steh auf! –
Werde aktiv! – Zeige Profil! Das eigene Leben
beeinflussen, Motivation, The Winner 2

Leben und Lifestyle

Das kleine Knigge-Quiz [2100] € 9,70; 96 Seiten, 12x19 cm, kartoniert
Jugend-Knigge [2100] Knigge für junge Leute und Berufseinsteiger, € 15,90; 152 Seiten
Zukunfts-Knigge [2100] Verfall der Sitten und Verlust der Wertschätzung? Umgangsformen in 100 Jahren. Zusammenleben mit Menschen, Maschinen und menschenähnlichen Robotern, € 14,95; 172 Seiten A5 kartoniert
Hochzeits-Knigge [2100] Hochzeitsbräuche, Geschenke, Brautjungfer, Trauung, Festgäste und Festmahl, € 29,95; 310 Seiten A5
Ü65- und Senioren-Knigge [2100] Die junge Alten und die alten Jungen, Kommunikation und Verständnis zwischen den Generationen, Einsamkeit und technischer Fortschritt, € 19,95; 180 Seiten A5
Blumen-Knigge [2100] Historisches, Mystisches, Festliches, Blumen-Sprache, Umgang mit Blumen-Präsenten, € 19,95; 144 Seiten A5
Bekleidung! Ausdruck der Persönlichkeit – Lukas' Outfit-Knigge [2100], € 19,95; 196 Seiten A5
Nudel-Knigge [2100] Himmlische Teigwaren, € 17,95; 140 Seiten A5
Der Interkulturelle Kompetenz-Knigge [2100] Kultur, Kompetenz, Eindrücke – Gesten, Rituale, Zeitempfinden – Berichte, Tipps, Erlebnisse, € 29,95; 240 Seiten A5
Wertschätzung-Knigge [2100] Gleichberechtigung, Gender und Respekt, Sexuelle Orientierung, Umgang bei Diskriminierung und Mobbing, € 14,95; 152 Seiten A5
Dschungel-Knigge [2100] Umgang in ungewohnter Umgebung, € 23,95; 192 Seiten A5
Der Dicke-Knigge [2100] Aus dem prallen Leben des Dicken, € 15,90; 104 Seiten A5
Typisch Frau – Typisch Mann Knigge [2100] Unterschiede und Gemeinsamkeiten im Umgang mit dem anderen Geschlecht, € 12,95; 128 Seiten A5
Kulinarischer und Gastronomischer Knigge [2100] Von Events, Feiern, Aperitif über Esskultur, Speisen und Getränken zu zeitgemäßen Tischsitten, € 26,50; 284 Seiten A5
Klo- und Pinkel-Knigge [2100] Vom privaten und öffentlichen Bedürfnis - Umgangsformen im Tabu-Bereich, € 13,50; 104 Seiten A5
Omi hüpf' mal Märchen meiner Großmutter, Erlebnisse ihre Jugend und wahre Geschichten meines Vaters von und über Omi Rickchen, Hardcover, € 29,95; 312 Seiten
Der Hunde-Knigge [2100] Umgang mit dem Hund – Hundesprache – Der Hund in der Gesellschaft, € 17,95; 180 Seiten A5
Welcome to Germany-Knigge [2100] Umgangsformen, Verhaltensmuster und gesellschaftliches Miteinander im deutschsprachigen Europa, € 11,99; 108 Seiten A5
Besuch willkommen Knigge [2100] Einladung, Gast, Geschenk, Empfang, Feier, Gastfreundschaft, € 14,95; 200 Seiten A5
Leben, Tod und Ansichten Austausch mit Berühmtheiten über Wichtiges und Unwichtiges im Leben, € 12,95; 116 Seiten A5
Leben, Tod und Überlegungen Austausch mit Berühmtheiten über Größe, Ewigkeit und Spaß im Leben, € 12,95; 116 Seiten A5
Tod, Trauer, Totenkult-Knigge [2100] Sterben, Trost, Takt, Bestatten, Tradition, Vorsorge, Tabus, Vergänglichkeit und Sonderbares, € 17,95; 212 Seiten A5

Leben und Lifestyle

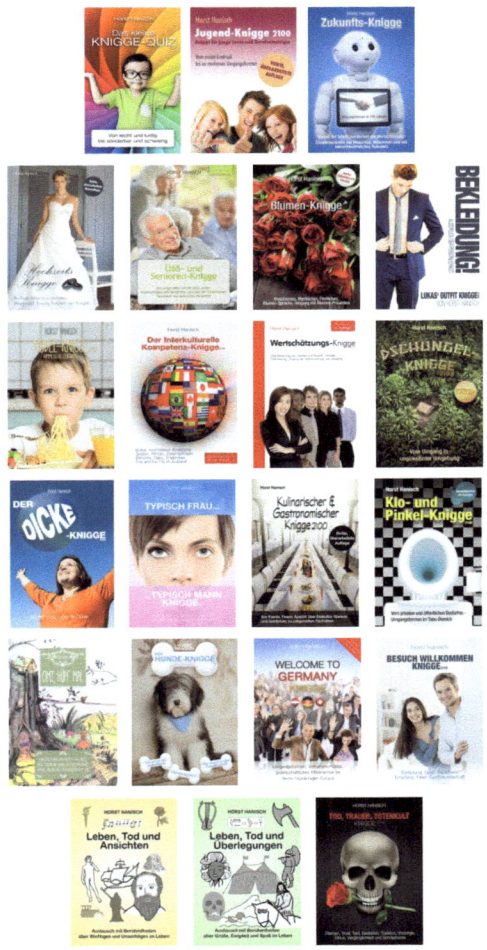

Rhetorik, Soft Skills, Hochschule, Beruf

Rhetorik ist Silber Von den ersten Schritten zu einer perfekten Präsentation, € 17,90; 144 Seiten A5, kartoniert, Zeichnungen
Moderation ist Gold Gesprächsführung, Umfragen, Talkrunden und Manipulation, € 17,90; 144 Seiten A5, kartoniert, Zeichnungen
Lebhafte Körpersprache in Vorträgen, Präsentationen, Gesprächen, € 17,90; 144 Seiten A5, kartoniert, ca. 290 Zeichnungen
Rhetoric – Mastering the Art of Persuasion, € 22,90; 144 Seiten A5, kartoniert
Discussion – Mastering the Skills of Moderation, € 22,90; 144 Seiten A5, kartoniert, Zeichnungen
Body Language in Europe, € 22,90; 144 Seiten A5, kartoniert, ca. 290 Zeichnungen
Körpersprache – Lüge, Verrat, Macht, Im Beruf, vor Gericht, beim Flirt – Gewinnerpose und Demutshaltung – Drohung und Zuneigung; € 29,95; 364 Seiten A5, kartoniert, über 400 Zeichnungen
Das große Buch der Rhetorik [2100] Tacheles reden; Präsentieren; manipulieren und überzeugen, € 37,45; 332 Seiten A5, kartoniert, viele Darstellungen
Trickreiche Rhetorik [2100] Psychologische Gesprächsführung, manipulierende Darstellung, unaufdringliches Nudging, € 37,45: 300 Seiten A5, kartoniert, Zeichnungen
Soft Skills-Knigge [2100] Soziale, Persönlichkeit, Selbstmanagement, € 37,45; 324 Seiten A5, kartoniert, viele Darstellungen
Schlagfertigkeit-, Spontaneität-, Stegreif-Knigge [2100] Impulsiv handeln, verbale Angriffe kontern, Störungen entwaffnen, € 13,50; 104 Seiten A5
Pitch Skills und Überzeugungs-Knigge [2100] Elevator Pitch, Geldgeber beeindrucken, Feuer versprühen, € 13,50; 128 Seiten A5, kartoniert
Smalltalk-Knigge [2100] Vom kleinen Gespräch bis zum charmanten Flirt - Kontakt ausbauen, Sympathie zeigen, Begehrlichkeit wecken, € 13,50; 100 Seiten A5
Quassel-Knigge [2100] Quasseln, Quatschen, Quengeln oder Lebenswichtige Kommunikation – Gezielt eingesetzte Rhetorik – Aussagekräftiges Profil zeigen, € 13,50; 112 Seiten A5
Hochschul-Knigge [2100] Studentischer Umgang in und außerhalb der Hochschule am Beispiel der Cologne Business School, 132 Seiten A5, kartoniert, Fotos
Jugend-Karriere-Knigge [2100] Schule und Studium, Netzwerk und Klüngel, Erfolg und Risiken, € 19,95; 224 Seiten A5, kartoniert, Zeichnungen, Checklisten
Bewerbungs-Knigge [2100] **für Frauen – Tina bewirbt sich / Bewerbungs-Knigge** [2100] **für Männer – Tom bewirbt sich**, Vorbereitung, Wahl der Kleidung, Verhalten beim Bewerbungsgespräch, je € 19,70; 128 Seiten A5, kartoniert, Fotos, Checklisten
Kreativitäts-Knigge [2100], Visionärhaft denken, Scheuklappen sprengen, Mentales Risiko eingehen, € 14,95; 164 Seiten A5, kartoniert
Team und Typ-Knigge [2100], Ich und Wir, Typen und Charaktere, Team-Entwicklung, € 14,95; 128 Seiten A5, kartoniert, viele Darstellungen
Die flotte Generation Y im 21. Jahrhundert, selbstbewusst – lebensbetonend – flexibel. Wie mit der Generation Y zielorientiert und erfolgreich gearbeitet werden kann, € 12,95; 116 Seiten A5, kartoniert, Zeichnungen
Die flotte Generation Z im 21. Jahrhundert, entscheidungsfreudig – effizient – eigenverantwortlich. Wie mit der Generation Z zielorientiert und erfolgreich gearbeitet werden kann, € 12,95; 140 Seiten A5, kartoniert, Zeichnungen

Rhetorik, Soft Skills, Hochschule, Beruf

Englisch:

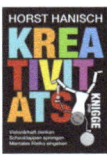   

Beratung, Coaching, Seminar

Wer hat nicht gerne mit Menschen zu tun, die selbstbewusst und selbstsicher mit anderen Menschen umgehen?

Geschäftspartnern, die die elementaren Regeln des ‚Benimms' beherrschen, stehen die Türen zum Erfolg offen.

Unternehmen, die neben ihrer fachlichen Leistung auch ‚menschlich' überzeugen wollen, bieten wir für ihre Mitarbeiterinnen und Mitarbeiter aktives Training im Umgang mit Kunden, Gästen, Kollegen und Gesprächspartnern an.

Auf unserer Website informieren wir Sie über unsere Angebote:

- Firmen-Internes-Training
→ Business-Etikette und das Lehrmenü
→ Präsentieren, Moderieren, Kommunizieren
→ Körpersprache und ihre Geheimnisse
- Offen ausgeschriebene Seminare
→ Teuflische Rhetorik
→ Flottes Reden vor und zu anderen
→ Der erste Eindruck

→ Ladies Power
- Individuelles Einzelcoaching
→ Authentisches Auftreten
→ Dress for Success
→ Verhandlungstechniken
→ Persönlichkeit
- Interkulturelles Training
- Freundlichkeits-Checks in Unternehmen
- Workshops

→ Soft Skills
→ Team-Training
- Intensiv-Training für
→ TV-Auftritte
→ Vorträge
→ Präsentationen
→ Reden
- Fachliteratur und Arbeitsunterlagen
- Vorträge/Speaker
→ Vor kleinem und vor großem Publikum

Individuelles Coaching für Einzelpersonen: Und, wer es ganz individuell mag, greift zurück auf ein Einzel-Coaching. Hier werden ganz persönliche Herausforderungen angegangen, mit Themen wie:

- Interkulturelle Kompetenz
- Selbstsicheres Auftreten
- Präsentations-Techniken
- Erfolgreiche Verhandlungsführung

- Der Erste Eindruck
- Bewerbungstraining
- Rhetorik und Überzeugungskraft

und andere Themen – direkt auf die besonderen Bedürfnisse des Einzelnen zugeschnitten. Besuchen Sie uns auf www.knigge-seminare.de

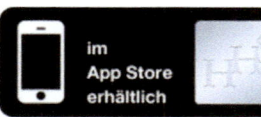